技術流出の構図

エンジニアたちは世界へとどう動いたか

藤原 綾乃 ［著］
Ayano Fujiwara

Migration of Engineers:
New Norm in Globalization

東京 白桃書房 神田

はじめに

　日本経済は、バブル崩壊以降、長期的な低迷を続けてきた。そしてこの20年間、中国や韓国の企業が躍進する一方、日本企業は徐々にその国際競争力を失っていった。長引く不況の影響で、電機メーカーをはじめとする大企業においても大規模なリストラが進められた。ピーク時の2002年には約4万人のリストラが実施され、それ以降も毎年1～2万人規模のリストラが行われてきた。このような日本企業のリストラ人材や定年退職者は、中国や韓国などのアジア企業から見ると「宝の山」だと言う。日本の高い技術力に着目しているアジア企業にとって、日本の技術者は最先端の知識と経験を有し、最先端研究開発においても、難しい技術課題の指南役としても最適だからである。日本のものづくりは、最先端の技術力のみならず、技術者の有するコツやノウハウによって支えられてきた。現場では、機械を動かす際に少し叩く、少し回すといった熟練の技術者のコツで技術課題が解決することも少なくないという。単に技術や知識を手に入れたいのであれば、他社の特許や論文等を参照することで対応できるかもしれない。しかし、コツやノウハウは人に体化したものであり、人から切り離して移転することが難しい。アジア企業が欲しているのは、技術や知識のみならず、コツやノウハウがその体にしみ込んだ技術者そのものなのである。
　そのため、近年、日本企業の技術者が韓国・中国・台湾等の企業へ転職するケースが増加している。現地で働くケースも当然あるが、より多くの優秀な日本企業出身技術者を確保するため、アジア企業の多くが日本に研究所を設置するケースが増えている。しかし、これまでアジア企業に転じた日本企業出身技術者の実態はあまり明らかにされてこなかった。アジア企業に転職した技術者が匿名でインタビューに応じるケースが稀にある程度で、多くが語られることはなかったからである。そこで、筆者はアジア企業に転じた日本の技術者の実態について客観的データ（特許データ及び企業情報データ）を用いて分析を行う研究に取り組んできた。

データ処理の過程では、まず膨大な特許データの中から技術者の名前を抽出し、重複や異常値等のデータを丹念に取り除きながら、各技術者の所属企業名と突き合わせ、各技術者の情報を追跡・比較する作業を行っていく。この作業を経て、各技術者の移動前企業名や移動後企業名を割り出し、さらには技術者の各社でのキャリアや研究成果、経験技術分野等のデータを収集する。これらのデータと企業情報等を接続して分析することにより、アジア企業へ転じた技術者像や移動状況、アジア企業での成果、アジア企業の巧みな人材マネジメント等を明らかにすることができた。

　本書では、単に技術流出を防ぐという視点を超え、海外拠点でのイノベーション創出や外国人材を活用したR&D（研究開発）体制のあり方などについて、データ分析結果を交えながら考察を加えていく。本書で提示するデータや分析結果が、海外での研究開発活動の強化や外国人材の積極採用を考える企業の戦略策定の基礎資料として、あるいは、技術者としての成長や海外企業での活躍を検討する技術者の方の参考として、少しでも資すれば幸いである。

　本書は、筆者の博士論文をもとに再構成したものである。本研究を行うにあたって、終始ご指導ご鞭撻を頂いた東京大学の渡部俊也教授には、心より感謝申し上げたい。本研究を遂行するに際し、博士論文に関してのみならず、学会準備や論文投稿準備など、様々な場面において、時に貴重なお休みの時間を割いて研究の改善方向を正確にご指摘頂くなど、他に代えがたいご指導を頂いた。また、博士学位審査委員である東京大学の影山和郎教授、坂田一郎教授、元橋一之教授、東北大学の福嶋路教授には、本質的で前向きな助言を多く頂き、研究成果が有意義なものとなるよう導いて頂いた。なお、言うまでもなく本書にありうべき誤りのすべては、筆者の責に帰するものである。そして、渡部研究室の胡韋さん、吉岡徹さん、李聖浩さんからは、日々の様々なディスカッションやゼミを通して、多くの気付きと刺激を得ることができ、この研究の内容を豊かなものにしてくれた。また、同研究室客員研究員の角田義人さん、古谷真帆さん、山野宏太郎さん、共

同研究員の奥田慶文さん、博士課程の伊藤伸さん、小山田浩さん、修士課程の池田恵一さんには、常に温かく励まして頂き、研究の楽しさ、挑戦をすることの大切さを教えて頂いた。さらに、同研究室秘書の大屋安恵さん、力徳裕子さんをはじめ、研究員・研究生・修士の皆様には、多くのご支援を賜り、温かく見守っていただいた。ここに心より感謝の意を表したい。また、本研究では数十万件のデータの突合処理等を行っているが、データ処理のプログラミングにおいては、東京大学大学院工学系研究科の大知正直さん、そして井上修さんに多くの助言と協力を頂いた。また、研究を取りまとめる過程においては、名古屋大学の犬塚篤准教授、東京農業大学の金間大介准教授、知的財産研究所の金子好之統括研究員、虎ノ門大学院の高橋真木子教授、経済産業研究所の山内勇研究員に的確な助言とコメントを頂いた。さらに、本書をまとめるにあたって、早稲田大学の薄井彰教授には、多くの示唆と助言を頂いた。また、日本経済新聞社の渋谷高弘編集委員は、博士論文完成直後から本研究に関心を寄せてくださり、本書への助言を頂いたほか、ご自身の著書にも本研究をご紹介頂くなどご支援いただいた。さらに、本書では複数名の方へのインタビューをお願いしており、ここでお名前やご所属をあげることはできないが、ご多忙な中、何時間ものインタビューにご協力いただいた方々へ、感謝の念を捧げたい。このように多くの方々のご支援を頂いて本書があることを改めて感謝申し上げたい。

　現在、筆者は大阪大学に籍を置き、日々新しいことに挑戦する毎日を送っている。有難くも本を出版させて頂くことになったのも、その1つである。幼稚園生の頃、筆者の夢は作家になって本を出すことだった。思わぬ形で、幼稚園時の夢が叶ったことが今とても嬉しい。その頃、筆者にはもう1つ夢があった。研究者だった父親のノーベル賞授賞式に参加することである。「授賞式には絶対連れていってね」と無邪気に特等席を予約すると、「お父さんには無理かな」という返事が返ってきて、「招待状は来ないのか」とかなりがっかりした記憶がある。小学校1年生になると、筆者の夢はドクターになることに変わった。トーマス・エジソンの伝記を読んで、「99の頑張りと1のひらめきが大切」という言葉にやはり無邪気に感動したのである。今年

3月に博士号を無事に頂き、小学校1年時の夢もなんとか叶ったことになる。ただ、エジソンの言葉は、「1％のひらめきがなければ99％の努力は無駄である」という意味で発せられたとも言われており、いずれにしても真のドクターへの道のりはとてつもなく遠く、これからも追求する夢であり、目標であり続けるだろう。その後、筆者の夢はさらに3つほど追加されていったが、それらの夢が叶うかどうかはこれからの自分次第。また新しい挑戦を続けながら、ゆっくりと進んでいければと思っている。

　筆者の夢の第一歩を叶えて下さった白桃書房の平千枝子編集部長には心より感謝申し上げたい。至らないところの多い原稿を何度も丁寧に読んで頂き、的確な助言・修正を頂いた。また、初めての本の執筆に焦り、不安に駆られるところをいつも叱咤激励してくださり、たくさんの御面倒をお掛けした。本書の原稿の編集を平氏にお引き受け頂いたことは、筆者にとって何より幸運なことであったと思う。また、本書に関わってくださった白桃書房の皆様にも深く感謝したい。専門書の出版が難しい状況の中、博士論文を書籍化して頂くという機会を頂いたことへの感謝は筆舌に尽くしがたい。まだ膨大なデータと格闘し始めたばかりの大学院生時代、某セミナーで「将来先生になったら、いつか本を書いて下さいね」と、優しく声を掛けて下さったのも実は白桃書房の方なのだが、あの時には本の出版が実現するとは誰も夢にも思っていなかった。御縁ある白桃書房さんから最初の本を出すことができ、非常に嬉しく、そして幸せに感じている。

　最後に、筆者を支えてくれている家族、恩人、友人に心より感謝したい。のんびりとマイペースな筆者をそっと見守り、そしてプレッシャーに押しつぶされそうな心を常に支え続けてくれていることのありがたさをいつも痛感している。

2015年11月
藤原　綾乃

目　次

はじめに

序　章　グローバルな人材獲得競争―――1
1. 日本経済の停滞とアジア新興国の躍進　1
2. 高度人材の獲得競争　7
3. 本書の狙いと構成　11
   3-1. 本書の狙い　11　　3-2. 本書の構成　14

第1章　アジアに逃れた技術者たち―――15

第1節　アジア企業へ移動する技術者像………………15

第2節　分析手法………17
1. データ　17
2. 移動者の特定　19
3. 技術者の評価　23

第3節　アジアで活躍する日本の技術者………………25
1. 技術者の移動状況　25
   1-1. 韓国企業へ移動した日本企業技術者　25
   1-2. 中国企業への技術者移動　30　　1-3. その他のアジア企業への人材流出　33　　1-4. まとめ　35
2. キャリア年数に関する分析結果　36
   2-1. キャリア年数　36　　2-2. 年齢層　37
3. 出身企業の規模に関する分析結果　40

4.　過去の実績に関する分析結果　42

　　5.　技術分野に関する分析結果　46

第4節　小括………………………………………………………………50

第2章　選ばれる人材の条件──────────53

第1節　アジアの企業が求める技術者像……………………………53

第2節　選ばれる人材の条件…………………………………………54

　　1.　サムスン電子　55

　　2.　鴻海精密工業　58

　　3.　華為技術　60

　　4.　LGエレクトロニクス　62

　　5.　現代（ヒュンダイ）　64

第3節　アジアへ渡った技術者像……………………………………66

　　1.　年齢層　66

　　2.　出身企業規模　68

　　3.　過去の実績　69

第4節　分析手法及び結果……………………………………………72

　　1.　データ　72

　　　　1-1.　過去の実績　74　　　1-2.　技術者ネットワーク　75

　　2.　ネットワーク分析　79

　　3.　モデル　86

　　4.　結果　88

　　　　4-1.　サムスン電子　88　　　4-2.　鴻海精密工業　91

　　　　4-3.　華為技術　92　　　　　4-4.　LGエレクトロニクス　93

　　　　4-5.　現代（ヒュンダイ）　94

第5節　小括……………………………………………………94

第3章　ローカル人材の技術学習　99

第1節　技術学習過程……………………………………………99
1. アジア企業は日本企業出身者から何を学んだのか？　99
2. 3つの技術学習過程　102
    2-1. 模倣　102　　2-2. 量的向上　103
    2-3. 質的向上　103

第2節　アジア新興企業は何を学んだのか？………………105

第3節　分析手法及び結果………………………………………107
1. データ　107
2. 変数　107
    2-1. 被説明変数　107　　2-2. 説明変数　109
    2-3. 制御変数　109
3. モデル　110
4. 結果　110
    4-1. 日本企業出身者と共同研究を行うことによる日本技術の探索・模倣効果　110　　4-2. 日本企業出身者と共同研究を行うことによるR&D生産性への影響　114
    4-3. 日本企業出身者と共同研究を行うことによる質的イノベーション創出効果　115　　4-4. 東アジア企業内技術者の吸収能力との関係　117

第4節　小括……………………………………………………119

第4章　日本企業技術者のアジアイノベーションへの貢献 ── 123

第1節　日本企業技術者とアジアのイノベーション ……… 123
第2節　アジアイノベーションへの貢献 ……… 124
第3節　分析手法及び結果 ……… 125
　1．プロペンシティスコアマッチング（傾向スコア分析）　125
　2．データ　126
　3．変数　127
　　3-1．被説明変数　127　　3-2．説明変数　128
　4．モデル　129
　5．結果　130
　　5-1．日本企業出身者の量的イノベーションへの貢献　130
　　5-2．日本企業出身者のイノベーション高度化への貢献　131
　　5-3．日本企業出身者の質的イノベーションへの貢献　132
第4節　小括 ……… 132

第5章　外国人技術者の活かし方 ── 135

第1節　最適な研究ユニット構成 ……… 135
　1．各企業の研究ユニット構成　135
　2．研究開発と言葉の問題　137
　3．効率的な研究ユニット構成　140
第2節　外国人技術者はどう使うべきか？ ……… 141
第3節　分析手法及び結果 ……… 143
　1．データ　143
　2．変数　143

2-1. 被説明変数　143　　2-2. 説明変数　144
　　2-3. 制御変数　144
　3. 検証方法　144
　4. 結果　145

第4節　小括……………………………………………………146

第6章　キャッチアップと外国技術────149

第1節　中国・韓国のキャッチアップ……………………149
　1. キャッチアップ型工業化論　149
　2. リープフロッグ現象　151

第2節　効率的な技術導入……………………………………152
　1. キャッチアップ過程　152
　2. キャッチアップを超えて　154

第3節　人材育成の難しさ……………………………………156
　1. 東アジアの技術学習　156
　2. 外部人材の雇用　158
　3. 東アジアと日本の技術学習の相違点　159

第7章　外部知識を活用した研究開発────161

第1節　研究開発のグローバル化……………………………161
　1. 海外開発拠点の多様化　161
　2. 各社の海外開発拠点　163

第2節　外部知識の獲得と研究開発…………………………166
　1. 外部知識の活用　166
　2. 技術学習過程論　167
　3. 形式知と暗黙知　168

  4．暗黙知の形式知化　169
  5．ブラックボックス化　170
 第3節　人に体化した技術や知識………………………………171
 第4節　知識移転とネットワーク………………………………173
  1．人材の移動と知識移転　173
  2．人的ネットワークとパフォーマンス　174
  3．人とのつながりを介した情報集積　176

第8章　分析結果の確認と技術者インタビュー ── 179

 第1節　データ分析結果のまとめ…………………………………179
  1．分析結果　179
   1-1．移動した技術者の全体像　179　　1-2．選ばれる人材の条件　180　　1-3．アジアイノベーションへの貢献　180　　1-4．外国人材マネジメント　181
   1-5．ローカル人材の技術学習　182
  2．考察　183
  3．課題　184
 第2節　技術者インタビュー………………………………………186
  1．日本人のグローバル化　186
  2．明日を信じる力　187

終　章　技術流出と技術獲得の狭間で ──────── 191

参考文献
索　引

序章
グローバルな人材獲得競争

1. 日本経済の停滞とアジア新興国の躍進

　日本経済は、バブル崩壊以降、長期的な低迷を続けてきた。そしてこの20年間、グローバル化の時代にあって、日本の産業を取り巻く環境は劇的に変化したと言える。ヨーロッパでは、ユーロの誕生やEUの拡大に伴い巨大な市場が誕生すると共に、BRICS（ブラジル、ロシア、インド、中国、南アフリカ）が目覚ましい成長を遂げ、とりわけ中国が急速に台頭し、コスト競争が激化する等市場に大きな変化が生じた。それと同時に、インターネットが普及したことで、アメリカ、ヨーロッパ、アジアがフラットにつながり、グローバル競争はますます本格化した。このように日本経済を取り巻く環境に大きな変化が生じる中、日本企業は徐々にその国際競争力を失っていった。
　そもそも日本経済は、バブル崩壊から約10年が経過した2002年1月を底に、緩やかな景気回復傾向を見せていた。しかし、2007年10月を山として景気後退局面に入った。サブプライム危機（パリバショック）に端を発する世界同時不況によって日本経済は再び停滞を余儀なくされたのである。2007年のサブプライム危機、2008年9月のリーマンショックは世界経済に大打撃を与えた。当初日本への影響は小さいと見込まれていたものの、実際には、日本への打撃は非常に大きく、リーマンショック後の2008年10～12月期は、実質GDP成長率が前期比2.7％のマイナスとなった（図序-1参照）。その後、他の国々が立ち直る中、日本はなかなか経済回復の兆しが見えない状態が続いた。そこに追い打ちをかけたのが、2010年のギリシャの財政不安に起因する欧州経済の懸念やアメリカの低金利政策の長期化で

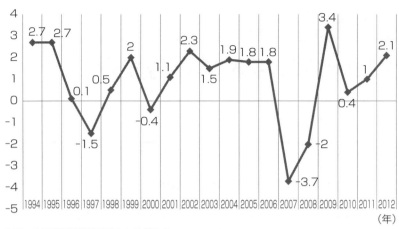

出所:内閣府国民経済計算より筆者作成

図序-1　日本の実質GDP成長率(前年度比 EXPENDITURE APPROACH)

ある。これらの影響を受け、日本円が世界中のマネーの回避先となり、円高が進行したことで、日本の輸出産業は大きな打撃を受けた。

　輸出産業の中でも、特にエレクトロニクス産業の失速は、日本全体に暗い影を落とした。1980年代以降、エレクトロニクス産業は日本のリーディング産業であり、世界市場での日本のプレゼンスを象徴する産業でもあった。しかし、日本の電機メーカーは、サムスン電子などの韓国企業との競争では、1990年代に半導体分野で敗れ、2000年代にはテレビや携帯電話分野で敗れるなど、韓国企業にグローバル競争で敗れる結果となった。そして2012年、パナソニック、ソニー、シャープ3社の赤字合計が1兆6050億円にも上るなど、過去最大の巨大赤字となった(最終損益)。

　表序-1は、世界企業売上高ランキング(*Fortune Global 500*)の推移を示したものである。エレクトロニクス分野では、1995年に首位の座にあった日立製作所が、2000年以降第2位に転落し、2014年には第4位となっている。一方で、サムスン電子は2005年に第4位に入り、その後も順調に売上高を伸ばし、首位となった。台湾の鴻海も2014年には世界第2位のエレクトロニクスメーカーに成長した。全産業で見ても、サムスン電子は第13位、鴻海は第32位、LGエレ

表序-1　世界のトップ電機メーカーのランキング

エレクトロニクス分野の順位	1995年			2000年			2005年			2010年			2014年		
	企業名	国	全体の順位	企業名	国	全体の順位	企業名	国	全体の順位	企業名	国	全体の順位	企業名	国	全体の順位
1位	日立製作所	日本	13	シーメンス	ドイツ	21	シーメンス	ドイツ	21	サムスン	韓国	32	サムスン	韓国	13
2位	パナソニック	日本	17	日立製作所	日本	23	日立製作所	日本	23	シーメンス	ドイツ	40	鴻海	台湾	32
3位	GE	米国	19	パナソニック	日本	24	パナソニック	日本	25	日立製作所	日本	47	シーメンス	ドイツ	58
4位	シーメンス	ドイツ	30	ソニー	日本	30	サムスン	韓国	39	パナソニック	日本	65	日立製作所	日本	78
5位	東芝	日本	36	東芝	日本	38	ソニー	日本	47	LG	韓国	67	ソニー	日本	105
6位	ソニー	日本	43	NEC	日本	51	東芝	日本	72	ソニー	日本	69	パナソニック	日本	106
7位	NEC	日本	48	三菱電機	日本	92	タイコ	スイス	103	東芝	日本	89	東芝	日本	145
8位	大宇	韓国	52	フィリップス	オランダ	96	LG	韓国	115	鴻海	台湾	112	LG	韓国	194
9位	フィリップス	オランダ	58	モトローラ	米国	109	フィリップス	オランダ	116	三菱電機	日本	201	三菱電機	日本	273
10位	三菱電機	日本	62	インテル	米国	116	三菱電機	日本	225	フィリップス	オランダ	231	ハネウェル	米国	283

注：Electronics, Electrical Equipment 部門のランキング。
出所：*Fortune Global 500* より筆者作成

クトロニクスは第194位となっており、韓国・台湾企業のグローバル市場での存在感は増している。好調な韓国、台湾企業とは対照的に、日本企業は、1995年には世界トップ第13位にあった日立製作所が、2014年には第78位まで順位を落とし、またパナソニックは第17位から第106位に落とすなど、世界のエレクトロニクス分野での日本企業のマーケットシェアが著しく低下していることがうかがえる。この

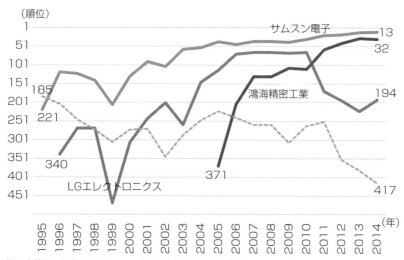

注：点線は、比較のためシャープの世界ランキングを表示。
出所：*Fortune Global 500* より筆者作成

図序-2　エレクトロニクス分野での世界ランキング推移

序章　グローバルな人材獲得競争　3

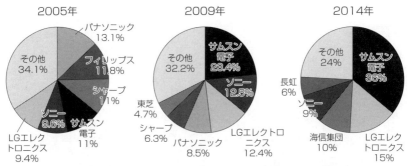

注:2005 年と 2009 年は薄型テレビ市場、2014 年は 4K テレビ市場、7〜9 月期である。
出所:ディスプレイサーチ

図序-3　世界の薄型テレビ市場（売上ベース）

ように、日本の電機メーカーは、エレクトロニクス分野における順位を下げただけではなく、世界的なプレゼンスも近年低下傾向にある。

　日本の電機メーカーの国際競争力低下は、前述の通り、サムスン電子や LG エレクトロニクス、鴻海精密工業などの東アジア諸国の追い上げが大きく影響していることは明らかである。図序-2 に示した通り、*Fortune Global 500* では、全産業において、サムスン電子は 1995 年には第 221 位（エレクトロニクス分野第 15 位）であったが、2014 年には第 13 位（エレクトロニクス分野第 1 位）にまで上昇した。また、LG エレクトロニクスは 1996 年には第 340 位（エレクトロニクス分野第 23 位）であったが、2014 年には第 194 位（エレクトロニクス分野第 8 位）に上昇している。さらに、鴻海精密工業は全産業で初めてトップ 500 入りした 2005 年に第 371 位（エレクトロニクス分野第 14 位）となり、2014 年には第 32 位（エレクトロニクス分野第 2 位）に浮上するなど、急速に順位を上げている。このようにグローバルマーケットでのプレゼンスを徐々に失いつつある日本企業とは対照的に、韓国、台湾企業等は急成長を遂げてきた。

　特に、日中韓での競争力の交代を象徴するのが、コンシューマ向け製品製造事業での世界市場シェアの推移である。図序-3 は、世界のテレビ市場での売上比率を示したものである。1960〜80 年代の日本の電機メーカーの国際競争力を支えていたのがテレビである。2005

表序-2　世界のスマートフォン市場

(単位：万台，％)

	2012年			2013年			2014年		
	販売台数	シェア	順位	販売台数	シェア	順位	販売台数	シェア	順位
サムスン電子	5,505	32.1	1	8,036	32.1	1	7,321	24.4	1
アップル	2,462	14.3	2	3,033	12.1	2	3,819	12.7	2
華為	780	4.5	3	1,167	4.7	5	1,593	5.3	3
LGエレクトロニクス	699	4.1	4	1,206	4.8	4	-	-	-
レノボ	698	4.1	5	1,288	5.1	3	1,501	5.0	5
シャオミ(小米科技)	-	-	-	360	1.4	6	1,577	5.2	4
その他	7,021	40.9	-	10,294	41.1	-	14,289	47.5	-
合計	17,165	100.0	-	25,023	100.0	-	30,101	100.0	-

注：販売台数ベース、各年第3四半期比較。
出所：Gartnerレポート

年時点でもパナソニックが世界売上シェア13.1％で首位、シャープが11％で第3位、ソニーが9.6％で第5位と、日本企業は世界的に高いシェアを維持していた。しかし、徐々に韓国勢に追い上げられ、09年にはサムスン電子の売上シェアが23.4％で首位に、またLGエレクトロニクスも12.4％で第3位に浮上した。さらに、14年の4Kテレビの世界シェアを見ると、首位がサムスン電子（36％）で、第2位がLGエレクトロニクス（15％）となっており、韓国2社で世界売上の50％超を占めていることが分かる。また、第3位の海信集団（Hisense Group）、第5位の長虹（Changhong）はいずれも中国の電機メーカーであり、4Kテレビ市場では先行していた韓国企業を中国企業が急速に追い上げている状況となっている。

また、韓国企業と中国企業の競争が激化しているのが、スマートフォン市場である。表序-2は世界のスマートフォン市場について、各年の第3四半期の販売台数で比較したものである。2012年からスマートフォン市場はサムスン電子が首位を維持していることが分かる。もっとも、12年、13年は市場シェア32.1％を占めていたのに対して、14年は24.4％に下落している。また、12年、13年にはトップ5に入っていたLGエレクトロニクスが圏外に転落した。一方で、中国を

序章　グローバルな人材獲得競争　5

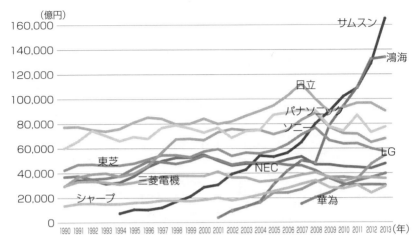

注：2011年11月31日時点の為替レート、1韓国ウォン＝0.06633円で換算。
出所：各社財務諸表より筆者作成

図序-4　連結売上高推移

拠点とする華為（Huawei）とシャオミ（Xiaomi）は販売台数を大きく伸ばしている。華為は2012年（4.1％）、2013年（4.7％）、2014年（5.3％）と順調にシェアを拡大している。シャオミも、13年第3四半期の360万台から14年同期には1577万台まで伸ばし第4位に浮上しており[1]、中韓のさらなる競争激化が予想される。

以上のように、1990年代半ば以降のエレクトロニクス分野において、韓国、中国、台湾等の東アジア企業が先進国企業に急速にキャッチアップを果たし、先進国企業を凌駕するほどの成長を遂げている。図序-4は、日本及び東アジアの上位電機メーカーについて、1990年から2013年までの連結売上高の推移を示したものである。1990年代には日本企業の売上高は東アジア企業を大幅に上回っていたが、2000年代後半以降、東アジア企業は急成長を遂げ、日本企業に追いついていることが分かる。

---

[1] Gartnerレポート。

表序-3　高度人材の国際移動

高度人材の国際移動	特徴	人材の流れ
頭脳流出(brain drain) 頭脳流入(brain gain)	新興国から先進国への優秀な人材の流出	新興国 →(優秀な頭脳の流出)→ 先進国
頭脳交換 (brain exchange)	2国間での人材の移動	A国 ←(人材移動)→ B国
頭脳還流 (brain circulation)	母国へのUターン	新興国 ←(留学・就職/帰国)→ 先進国

2. 高度人材の獲得競争

　企業にとって、有能な人材を確保することは重要な課題である。近年、高度人材[2]及びその予備軍である留学生等を中心に「ヒト」の移動が活発化しており、グローバルな「人材獲得競争」(war for talent) が進んでいると指摘される[3]。その背景には、知識経済化が進んだことにより、三大経営資源の「ヒト・物・金」の中でも「ヒト」の重要性が高まったことがあるものと考えられる。高度人材が国境を越える現象は、「頭脳流出」(brain drain)、「頭脳流入」(brain gain)、「頭脳交換」(brain exchange)、「頭脳還流」(brain circulation) といった概念で説明される。「頭脳流出」とは、元来、1960年代に優秀な人材がイギリスからアメリカに流出したことを指していたが、現在では新興国の高度な知識・技術を有した人材の先進国への流出を指すことが多い。新興国では、高等教育を受けた希少な高度人材が海外に流出してしまい、経済成長力の低下にもつながりかねないことから、重大な問題として捉えられている。一方、「頭脳流入」とは、頭脳流出を受け入れる側から見たものである。また、「頭脳交換」とは、高い技能と資質を持った人材が、専門職として2国間で移動することを指す。頭脳流出や頭脳流入が一方向の動きであるのに対して、頭脳交換は双

---

[2] 高度人材の定義は、各国の教育システムが多様であることなどから、未だ定まったものはない。一般的には、大学あるいは大学院を修了し、専門的な技術や知識を有する人材を指す。
[3] マイケルズほか、2002。

方向に人材が移動し、主に先進国間で生じるものである。そして、「頭脳還流」とは、留学生や技術者等がキャリアパスのために海外に行って学び、いずれ母国に帰国する動きのことを指す。頭脳還流は、海外で新しい技術や知識を吸収した人材が帰国し、起業や就職等をすることで自国のイノベーションに貢献することにつながるので、中国の海亀政策[4]（ハイグェイ）のように、積極的に頭脳還流のための政策を実施する国もある。

このような高度人材の国際流動化は、送り出し国にとっても、受け入れ国にとってもメリットが大きい[5]。送り出し国側のメリットとしては、移動者を通じた送金や海外研究機関との共同研究等のネットワーク構築、移動者の帰国後の起業等が挙げられる。一方、受け入れ国側のメリットとしては、経済活動の活発化や移動者を通じた新しい知識のインフロー、人材の多様性向上、イノベーションの促進等が挙げられる。

このように高度人材の流動化は、知識融合やR&Dに大きな影響を与えることから、特に優秀なR&D人材を確保することは各国の経済活性化や国際競争力維持の観点からも重要な意味を有している。実際に、OECDが実施した調査[6]によれば、移民に占める博士号取得者や理系専門職の割合は非常に高く、高学歴な人材ほど国際移動がより活発であると言われている。このような背景から、各国とも高度人材の受け入れを積極化させており、グローバルな人材獲得競争が加速しているのである。多くの国が高度外国人材受け入れのための政策・制度整備を積極的に進めており、高度人材の獲得にしのぎを削っている。

日本も「高度人材ポイント制による出入国管理上の優遇制度」等により高度外国人材の受け入れを推進しようとしているものの、高度人材の受け入れは十分に進んでいないとされる。それどころか、海外か

---

4 中国では、アメリカ等の企業や大学等に流出した人材を中国に呼び戻すために、帰国者に対し起業のための資金提供や就職の援助、サイエンスパークにおける研究活動支援等の政策を行っている。このような呼び戻し政策は、産卵のために故郷に戻ってくる海亀にたとえられ、海亀政策と呼ばれている。

5 デメリットもあり、例えば送り出し国にとっては生産力の低下など、受け入れ国にとっては技術流出などが問題となり得る。

6 OECD, International Migration Outlook 2007.

表序-4　日本人出入国者数の推移

年	入国者数（人）	出国者数（人）	純移動（人）
2006年	1,216,048	1,275,944	-59,896
2007年	1,191,324	1,266,429	-75,105
2008年	1,156,361	1,266,118	-109,757
2009年	1,432,020	1,508,820	-76,800
2010年	1,111,453	1,107,335	4,118
2011年	798,792	826,503	-27,711
2012年	887,670	910,828	-23,158
2013年	903,217	926,289	-23,072

出所：総務省人口推計

ら日本に入国する日本人よりも、日本から海外へ出国する日本人の方が多い出国超過の状態が続いており、日本人の流出傾向が続いているのが現状である。表序-4は、総務省が発表した日本における日本人（外国人を除く）の出入国者数[7]を示したものである。日本人の入国者数から出国者数を引いた社会増減は、2006年から2009年まで毎年5万人から10万人のマイナスが続き、2011年以降も2万人超のマイナスとなっていることが分かる。

　日本人の海外流出の中でも、特に日本企業の国際競争力に大きな影響を与えたのが高度人材の海外流出であると思われる。日本企業は、バブル経済崩壊後、希望退職やリストラを強引に進めてきたが、退職者の一部は海外企業へ流出するなどしており、リストラが高度人材の海外流出に少なからず影響を与えたのではないかと考えられる。図序-5は、主な上場企業における希望・早期退職者の募集者数の推移を示したものである。日本企業のリストラは、バブル崩壊後の1990年代前半（第一の波）、ITバブル崩壊後の2000年代前半（第二の波）、円高不況の2010年代前半（第三の波）の3つの波があると言われており、特にリストラ第二の波の影響は大きく、2000年の募集者数は約1万人であるのに対して、2002年では4万人近くに上っており、3年間で大幅なリストラが実施されたことがうかがえる。また、2002

7　「出国」とみなされる基準は、3か月以上海外に滞在する状態が続くことを言う。

表序-5　希望・早期退職者募集企業数

	2012年	2013年	2014年
全産業	63社	54社	31社
エレクトロニクス分野	8社	12社	7社
比率	12.7%	22.2%	22.6%

出所：東京商工リサーチ

　年以降も、リーマンショックや円高不況等の影響でリストラが行われたものの、上場企業等による希望・早期退職者募集の動きは全体として徐々に減少傾向にあると言える。

　一方で、エレクトロニクス分野で希望・早期退職者の募集を実施した企業の割合は増加傾向にある（表序-5参照）。退職者数を明確に公表していない企業もあるため正確な数字は不明であるが、この5年の間に、パナソニックやシャープなど電機大手メーカーから放出された人材は5万人以上に上ると報道されており、この数年間の電機メーカーのリストラは顕著に増加している[8]。さらに、電機労働者懇談会

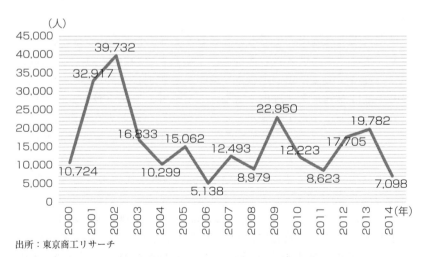

出所：東京商工リサーチ

図序-5　主な上場企業の希望・早期退職者募集者数の推移

8　東京商工リサーチ。

が121企業・職場について行った調査結果によると、2015年1月時点で、社員数171万882人のうち、21万3325人が人員削減の対象となっているとされる。これは、大手電機メーカー等のテレビ事業や半導体事業などの事業見直し、国内生産縮小等が影響しているものと思われる。

このような日本企業のリストラ人材や定年退職者は、中国や韓国などのアジア企業から見ると「宝の山」だと言う。日本の高い技術力に着目しているアジア企業にとって、日本の技術者は最先端の知識と経験を有しており、先端的ノウハウを獲得する上で最も有効なチャネルと考えられるからである。そのため、近年日本の電機大手メーカーから放出される優秀な人材を巡って、韓国や中国、台湾等のアジア企業による人材獲得競争が起こっている。サムスンや華為、鴻海など多くのアジア企業が日本企業出身技術者をヘッドハントするための研究開発拠点を日本に設置し、日本企業の1～2割増しの年収を提示して採用を行うなど、優秀な人材の獲得に積極的である。また、近年では、インドやミャンマー、バングラデシュ等の企業も日本企業出身の技術者の獲得に動き出しており、アジア全域で高度人材を巡る新たな人材流動圏が形成されつつあると言える。

次章以降において、アジアでの人材流動化の端緒となった、日本企業から放出され、他のアジア企業へ移った技術者に着目し、どのような人材が、どのように活躍し、どのようなイノベーション貢献をもたらしたのかを実証的に分析する。

3. 本書の狙いと構成

3-1. 本書の狙い

グローバルな人材移動に関しては、アメリカからヨーロッパへ、ヨーロッパからアジアへといったマクロレベルでの調査研究はこれまでもなされてきた。しかし、企業というミクロレベルでの人材移動に関しては、これまであまり実証的に分析されてこなかった。また、企業の人材戦略に関しては、アップルやGoogleの企業分析に代表されるように、先進国の成功例に関する分析が中心で、新興国企業の人材戦略については、あまり焦点が当てられることがなかった。そのため、

表序-6　本書の5つの分析

本書の5つの分析	内容
①R&D人材のアジアへの移動	アジア企業への移動者数の推移や移動者の特性に関する分析
②成功企業の外部人材獲得戦略	急成長を遂げた東アジア企業は、どのような日本企業内人材を選ぶ傾向にあるのか
③最適なユニット構成	外国人材と内部人材はどのように組み合わせることが効率的なのか
④ローカル人材の技術学習	日本企業出身者との共同研究経験は、東アジアのローカル研究者にどのような影響を与えたのか
⑤イノベーションへの貢献分析	東アジア企業へ転職した日本企業出身者は、アジアのイノベーションに貢献しているのか

　先進国からアジアへの人材移動の実態やアジア企業の人材戦略等については、これまでほとんど明らかにされてこなかった。
　そこで、本研究では、新興国企業がどのような人材戦略を採っているのか、あるいはどのようなマネジメントがあれほどまでの急速なキャッチアップにつながったのか等について、客観的データ（特許データ及び企業情報データ）を用い実証的に分析を行っていく。具体的には、以下の5つの問題意識に大別できる（表序-6参照）。
　第一に、日本企業から東アジア企業へと移った日本企業内技術者の実態について、ビッグデータを用いた解析を行っていく。これまで、人材移動の把握は、前項で示したような出入国に関する把握が中心で、日本企業出身者が海外企業にどの程度移動しているのか、どのような人が移動しているのかといったことについて、客観的データに基づいた分析はなされてこなかった。また、海外企業への転職に関する状況の把握は、特定の個人に対するインタビュー調査等によるものが多く、全体像を把握するための調査はなされてこなかった。本研究では、広く、かつ極力正確にグローバルな企業間の人材移動を把握するため、特許データを用いて、移動前の日本企業と移動後の東アジア企業を特定し、移動時期や移動者の特性などに関する分析を行っていく。
　第二に、各企業がキャッチアップを目的として人材獲得を行おうとする場合、どのような人材を獲得しようとするのかという人材獲得戦略について分析を行っていく。人材獲得においては、より優秀な技術

者を獲得することはもちろん、先行する先端技術に長く接してきた技術者が自社にとって有益と捉えることが考えられる。しかし、特定技術に特化した狭い専門家よりも幅広い知識を持つ技術者を獲得することがより有益と考える企業も存在する可能性がある。本研究の狙いは、東アジアの企業がどのような人材を獲得しようとしているのか、そしてどのような人材が獲得できているのかについて明らかにすることである。もとより人材自身の転職意思や希望企業もあるため、狙った人材が獲得できるかどうかは分からない。しかし各社で合理的な理由が推定できる異なる人材を獲得しているとしたら、それは狙った人材をある程度獲得していることを示すのではないか。本書ではこの点を明らかにしていく。

　第三に、狙った人材が獲得できたとしても、その人材が実際に東アジア企業の研究開発に貢献できるかどうかは別問題である。この点、実際に移動した人材がどの程度移動先の企業の技術開発に寄与しているのかを明らかにすることで、東アジア企業がどのような日本企業内R&D人材を獲得することがより有益なのかを明らかにすることができるのではないかと考える。そこで、実際に移動した日本企業出身者が、ローカル技術者と比較して、R&Dパフォーマンスが高いか否かという観点から、日本企業出身人材が東アジア企業のイノベーションに与える影響を明らかにすることを目的とした。

　第四に、外部人材を採用し、効果的に活用するためには、自社人材の中にどのように外部人材を組み入れるかが重要な課題になるものと思われる。この点、日本企業出身者と東アジア企業内の人材とでは、基本的に母語が異なるものと思われることから、円滑なコミュニケーションを図りながら、研究開発成果を上げていくということが課題になるものと考える。外国人材と自社内技術者との接触をなるべく多くし、自社社員が外国人材から学ぶ機会を多く確保することを重視するのであれば、外国人材と多数の自社技術者との研究ユニットを組むという考え方もあり得るし、外国人材を複数人同じ研究ユニットに組み込むという考え方もあり得る。そこで、日本企業出身者をどのような人数バランスで活用することが、後発企業の研究開発効率に資するのかという点についても明らかにしていく。

第五に、外国企業から人材を獲得することによる、東アジア企業内人材の技術学習効果について分析を行っていく。すなわち、外国人材と同じ研究チームで研究開発活動に従事する中で、どのような技術学習が実現できたのかという点について実証分析を行っていく。具体的には、日本企業出身者と共発明経験（同じチームで研究開発を行うという経験）を経ることによって、日本の技術を探索・模倣する機会が広がるのか、特許生産性は向上するのか、独創的な研究開発能力は向上するのかという3つの技術学習効果について分析を行っていく。

3-2. 本書の構成

　本書の構成は以下の通りである。まず、第1章では、日本企業から東アジア企業へ移動した技術者について、ビッグデータを用いて特定し、その特性と現状に関する分析結果について述べる。第2章では、東アジアの急成長企業が採用した人材獲得戦略について、データから分析を行い、東アジア企業で必要とされる人材像について明らかにしていく。第3章では、日本企業出身者が東アジア企業のローカル技術者に与えた影響について分析を行う。具体的には、東アジアのローカル技術者の技術学習がどの程度進んでいるのかについて、データ分析を行う。そして、第4章では、移動した日本企業出身者について、アジアのイノベーションへの貢献に関する分析を行っていく。第5章では、日本企業出身者をどのように活用することが効果的であったのかについて、最適な研究ユニット構成という観点から分析を行っていく。第6章では、東アジア企業の躍進状況、及び、その過程における外国技術導入の果たした役割に関し、先行研究に基づく理論的枠組みについて述べる。さらに、第7章では、研究開発のグローバル化に伴い、高度人材の獲得競争が起こっている現状について述べる。第8章では、上記5つの分析結果についての考察及び技術者インタビューについて述べたい。

第1章

アジアに逃れた技術者たち

第1節　アジア企業へ移動する技術者像

　本研究では、中国・韓国等のアジア新興国企業の技術的キャッチアップにおいて、日本企業から移動した技術者[1]が大きな役割を果たしたのではないかという問題意識から、日本企業出身技術者が中国・韓国等の東アジア企業のイノベーションに与えた影響について実証分析を試みる。この点、欧米では、技術者人材の移動に関して、いくつかの先行研究がある。しかし、日本ではこれまで人材の流動性が低かったということもあり、人材の流動性に関する研究はほとんど積み重ねられてこなかった[2]。多くの日本企業が、これまで人を通じた技術移転への意識が希薄であり、退職者等がどの企業で活動をしているのかをほとんど把握していない。これは国レベルでも同様であり、日本企業からどの程度の人数の技術者が外国企業に移動したのか、誰がどの企業から移動したのかということについて、概要すら把握していないのが現状である。また、移動した技術者が移動先でどのように研究開発活動に関与し、貢献しているのかということについても、現状では全く明らかにされていない。
　この点、多くの人は、日本企業からアメリカやヨーロッパの企業に転職する人は、若くて、優秀なタイプというイメージが強いが、日本企業からアジア企業へ転職する人は、小さな町工場的なところで長年働いてきた年配のエンジニアではないかと想像するのではないだろうか。この研究では、特許データを用いて、日本企業からアジア企業へ

---

[1] エンジニア、研究者、発明者、科学者等を総称し、本書では「技術者」と定義する。
[2] 村上、2003。

と移動する技術者とはどのようなタイプなのかということを客観的に明らかにした。

　まず取り組んだのが、膨大な特許データから技術者の名前を抽出し、重複や異常値等のデータを丹念に取り除きながら、各技術者の所属企業名を追跡・比較していく作業である。この作業を経て、各技術者の移動前企業名や移動後企業名が判明するほか、技術者の各社でのキャリアや研究成果、およその移動時期等のデータも収集することができる。これらのデータを分析することにより、アジア企業へ転じた技術者像やアジア企業での成果、アジア企業の巧みな人材マネジメント等を明らかにすることができた。

　結論から先に述べると、日本企業からアジア企業へ移動した技術者の多くが、実は日立製作所やパナソニック、シャープといった一流企業出身で、日本企業での実績も非常に高い優秀な人材であるということが明らかになった。韓国企業へ移動した技術者の4割以上が電機大手8社の出身であり、中国企業へ移動した技術者も3割近くが電機大手8社の出身である。

　年齢層は、40代が4割超を占め、30代、50代が続いているようである。40代の技術者は最先端技術に関する知識を有し、さらに経験に基づく技術応用力も有するものと期待されているのではないかと考えられる。特筆すべきは「移動技術者のほとんどが日本トップクラスの人材であった」ということである。しかも移動技術者の約8割は、特許生産性が国内上位25%に入る人材であることが明らかになった。アジア企業は、多様な技術分野における高いスキルと豊富な経験を有する優秀な人材を的確に見極めたうえで、採用していると考えられる。

　また特許の書誌情報を用いることで、技術者のおよその移動時期を把握することができる。筆者が日本企業から韓国や中国、その他アジア企業へ移動した電機系技術者の数の推移を分析したところ、韓国企業への移動は1990年代後半に増えはじめ、2004年頃をピークに、近年は減少傾向にあることが明らかになった。一方、中国企業へ移動する日本人技術者数は、2000年代初めに急増したが、近年収束傾向にあり、今後再び増加に転じるのか否かという分岐点にあるようである。

技術者の移動は、日本の電機メーカーでリストラが増加した年の2〜3年後に必ず増加しており、リストラで放出された人材の多くが韓国企業に流れ、一部は中国企業にも流れたのではないかと推測される。日本企業の人事担当者の話として、リストラをすると優秀な人材から辞めていくとよく聞くが、まさにリストラでは優秀な人材が日本企業から去り、アジア企業へと移っていることがデータ上からも確認されたことになる。

　一方、韓国、中国以外のアジア企業へ移動する日本企業出身の技術者は、増加の一途を辿っており、今後も一定数の技術者移動が見込まれる。データ分析の結果からは、特に、台湾やシンガポール、タイ、インドなどへの移動が増加することが予測される。次節以降において、分析手法及び結果について詳述する。

第2節　分析手法

1.　データ

　本研究では、Wisdomain（ウィズドメイン社）の特許データベースを用い、1976年1月から2015年4月までに日本、中国、韓国、その他アジア企業によって出願された電気分野におけるアメリカ特許を分析対象とした[3]。アメリカ特許を用いることの限界としては、以下の点が考えられる。第一に、企業の中には、必ずしもアメリカ特許を出願せず、国内特許のみを出願するケースも多く考えられるという点である。この点については、本研究ではグローバル企業として活躍するエレクトロニクス企業を対象として、企業間での人材移動が先端的技術の伝達やイノベーションの創出にどのように関係するのかを想定しており、多くの企業が少なくとも先端的技術に関してはアメリカに出願しているものと考えられることから十分に検証可能と考える。第二に、研究開発の成果がすべて特許化されるわけではなく、秘匿化されるケースもあることから、特許データを用いて知識の流れを観察する

3　1976年からのデータを用いた理由は、後述するように、各発明者にとっての初出願年からの経過年をキャリア年数としてカウントするためである。

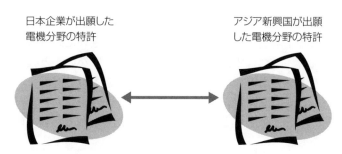

図1-1　利用データ

際には一定の限界が生じ得る。この点、確かに秘匿化された技術は特許データでは追跡することができない。しかし、多くの先行研究が示すように、特許データは、知識の流れを追跡する上で有効な手段とされている[4]。以上のことから、本研究では、エレクトロニクス分野におけるアメリカ特許データを用いて分析を行うこととする（図1-1参照）。

アメリカ特許には、出願番号、公開番号などその特許を特定する情報のほかに、出願人や発明者などの個人・法人の名前、IPC（International Patent Classification）という特許の技術内容を表す分類記号などの書誌情報が記載されている（図1-2参照）。

本研究では、日本の企業が出願した特許46万8374件（IPC：H*）、韓国の企業が出願した特許26万4747件（IPC：H*, G*, B*）、中国の企業が出願した特許5万5620件（IPC：H*, G*, B*）、その他アジアの企業が出願した特許15万7689件（IPC：H*, G*, B*）を対象としている。その他アジアには、台湾やシンガポール、インド、タイ、ネパール等23か国を含む[5]。IPC番号は、「セクション」、「サブセクション」、「クラス」、「サブクラス」、「メイングループ」、「サブグループ」という細かい分類があり、「A01B 1/02」というように技術分野が表される。電機メーカーであれば、「Hセクション：電気」、「Gセクション：物理

---

[4] Rosenkopf et al., 2001；Jaffe et al., 2002.
[5] その他アジアは、ICANNの「国の一覧」に基づき、アフガニスタン、バングラデシュ、ブルネイ、ブータン、香港、インドネシア、インド、ラオス、スリランカ、ミャンマー、モンゴル、モルディブ、マカオ、マレーシア、ネパール、パキスタン、シンガポール、タイ、東ティモール、台湾、ベトナム、アジア太平洋連合、ココス諸島を対象とした。

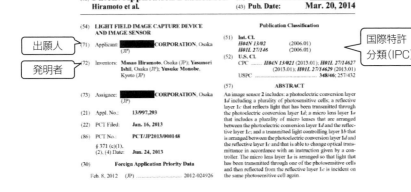

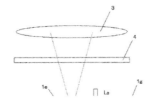

図 1-2　アメリカ特許（サンプル）

学」、「B セクション：処理操作」等の技術が関連することが多い。

2.　移動者の特定

　まず、発明者の移動を正確に把握するため、共同発明・共同出願のデータを分析対象から除外した。また、本研究では、日本企業からアジア企業への移動者を分析対象とするため、海外企業で日本国内に研究所等を設置している場合にも海外企業としてデータを整理した。その上で、対象特許の中から発明者名をすべて抜き出した。日本企業の特許に現れる発明者は 17 万 8919 人、韓国企業特許に現れる発明者数は 12 万 9370 人、中国企業の特許に現れる発明者は 2 万 8135 人、その他アジア企業の特許に現れる発明者は 10 万 1797 人に上る。その上で、日本企業特許と中国・韓国・その他アジア企業特許の双方に現れる同じ名前の発明者を抜き出した。なぜならば、電機分野の特許の中

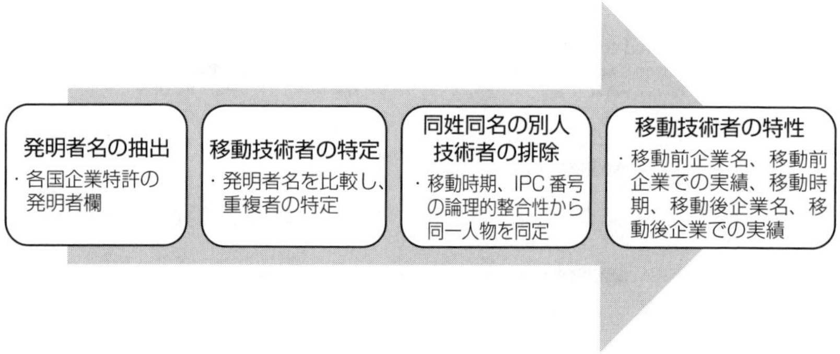

```
発明者名の抽出          移動技術者の特定        同姓同名の別人         移動技術者の特性
・各国企業特許の        ・発明者名を比較し、    技術者の排除          ・移動前企業名、移動前
  発明者欄                重複者の特定          ・移動時期、IPC番号     企業での実績、移動時
                                                の論理的整合性から     期、移動後企業名、移
                                                同一人物を同定         動後企業での実績
```

図 1-3　特許による移動技術者の同定

で、同じ名前の発明者であるということは、同一人物の可能性が高いからである。しかし、これだけでは同姓同名の別人である可能性を排除することができない。そこで、IPC番号を使った基準を設定し、その基準に該当しない人物は同姓同名の別人と判断することとし、日本と中国・韓国・その他アジア企業の双方での発明経験を有する人物を特定した。具体的には、まずすべての発明者と所属企業を紐付ける。同一企業に所属する同姓同名の人物は、すべて同一人物と仮定する。同一企業に同姓同名の別人が存在する可能性は当然否定できないが、同じ企業で同じ分野の研究職に同姓同名の別人が所属する確率は低いことから、統一的に扱うこととした。日本企業の出願特許とアジア新興国企業が出願した特許の双方に名前が出現する発明者について、同姓同名で別企業に所属する別人が存在する場合には、各発明者が移動前企業で関与した特許と移動後企業で関与した特許に現れるIPC番号を抽出し、10桁のIPC番号が最も近い発明者同士をそれぞれマッチングさせる。合致するIPC番号の経験を有する発明者が複数人存在する場合には、当該IPC番号の出現回数の多い人を、出現回数も等しい場合には、初出願年の早い人をマッチングさせるという基準を設定した。また、IPC番号がまったく一致しない発明者名はデータから削除する。マッチングさせた各発明者及びマッチングさせる必要のなかった各発明者について、日本企業の出願特許とアジア企業が出願した特許の優先権主張日[6]をそれぞれ抜き出し、優先権主張日の前後

関係に矛盾がないかを検証し、論理的に矛盾するデータは削除し、前後関係が論理的に矛盾しないデータのみを抽出する。優先権主張年ベースで前後関係を判断した理由は、一般に特許を出願する場合、自国に出願してから優先権主張をして、アメリカに出願する場合が多いことを考慮したためである。

その上で、各人が所属する企業名について、特許データの出願人欄とすべて突き合わせることで特定し、どの企業からどの企業に移動したのかを把握した。このようにして、日本企業とアジア企業を移動した蓋然性の高い技術者について、技術者名及び所属企業名を同定する作業を行っていく。ここで同定とは、分析データを検証して他のある物質や性質等と同一であるかどうかを確かめるプロセスを言う。また、移動には、日本企業からアジア企業への移動とアジア企業から日本企業への移動があり得るが、本研究では日本企業からアジア企業への移動のみを対象とする。

次に、移動技術者が移動前企業で出願した最後の特許の優先権主張年と移動先企業で出願した最初の特許の優先権主張年とを比較することによって、どちらの企業からどちらの企業へ、いつ移動したのかを把握することを試みた。具体的には、移動者が移動前に出願した最後の特許の優先権主張年と移動先企業で出願した特許の最初の優先権主張年の中間時点を移動時期と設定した。この点、いつ移動したのかということについて、正確に把握するためには、移動者本人等へのヒアリング調査等を行わない限り知ることができない。しかし、各人が出願した特許出願年のうち、移籍前の最後の出願時期と、移籍後の最初の出願時期を割り出し、その中間時点を移動時期とすることで、ある程度移動時期を絞り込むことができるのではないかと考える。

移動者の同定に関しては、以下の2点に留意する必要がある。第一に、日本人技術者を対象とするか、日本企業出身技術者を対象とするかという点である。すなわち、移動者として抽出された技術者の名前の中には、日本人名と思われる名前に加えて、日本人名らしくないと思われる名前も含まれる。研究の手法として、日本人らしい名前の技

---

6 優先権主張のない特許については、出願日データを用いた。

術者だけを対象とすることも考えられるが、本研究ではそのような手法を採らず、上記の条件で抽出された移動技術者である蓋然性の高い技術者を一律に研究の対象としている。その理由として、以下の3つを挙げることができる。1つには、本研究は、技術者が日本企業での研究開発業務の中で学び、彼らに体化した知識や技術情報が人材の移動に伴いアジア企業へと伝達されることに着目するものであり、技術者のナショナリティは問題としないからである。2つには、グローバル化の時代において、日本人か否かに過度に焦点を当てることは、バランスを欠くのではないかと考えるからである。また、日本人らしい名前だからと言って日本人であるとは限らず、また日本人らしくない名前だからと言って日本人ではないとも限らないため、日本人らしい名前に着目することの意義が薄れつつあることも理由の1つである。3つには、後続の研究との整合性を配慮したためである。近年、日本企業は積極的に外国人留学生等の採用を進めている。かつてのように出稼ぎ労働者として工場などで勤務する外国人だけではなく、正規社員として総務や営業企画、研究開発など様々な部署での活躍を期待され、採用されている。今後、本研究と同様の問題意識から類似の研究が行われるとすれば、このような留学生が母国に帰国した後、どのような効果をもたらすかというようなテーマになるのではないかと考えられる。そのような研究テーマとの比較にも耐え得るよう本研究においては日本人か否かではなく、日本企業出身か否かという基準によって、技術者の同定を行った。

　第二に、同姓同名の別人を同一人物と判定するリスクが残されているという点である。本研究では、移動技術者の同定につき、IPC番号の類似性でスクリーニングし、さらに優先権主張日の前後関係が論理的に矛盾するデータを削除するという二段階で実施した。しかし、移動前と移動後でまったく異なる研究開発に従事する可能性や移動前企業で関与した研究開発について特許出願が遅れる可能性、研究開発を始めてから特許が出願されるまでのタイムラグのばらつきが大きく出る可能性等も否定できず、移動技術者の同定には誤りが混入するリスクが残されている。しかし、研究者番号や個人識別番号等が割り振られていない現状においては、完全な技術者の特定は本人に直接確認し

ない限り不可能であり、大規模データから個人を特定する際の限界でもある。これまでも人材の国際移動に関するデータ分析はなされてきたが、これらは公的機関等が公表する統計データに基づく人数等を用いたものが大半であり、本研究のように個人名を抽出し、その個人の移動を追跡し、移動前後のパフォーマンス等を分析する試みは新しく、人物同定の手法が確立していないこともその一因である。現段階においては、技術分野の類似性と優先権ベースでの時期的矛盾の有無による同定が最も確からしいと言えるのではないかと考え、本研究ではこの二段階による同定方法を採用した。

3. 技術者の評価

上記のように、日本からアジア企業へと移動した技術者人材について、移動前企業、移動後企業、移動時期について把握した後、さらに移動人材の特性についてのデータも収集した。具体的には、移動人材のキャリア年数及び過去の実績を特許データから抽出している。過去の実績については、特許生産性、優秀度、複雑技術の応用力、経験技術分野の多様性という4つの観点から評価した。

(1) キャリア年数

キャリア年数については、各発明者にとって、初出願年からの経過年数をキャリア年数の代理変数とした。日本企業に所属するすべての技術者について、当該技術者にとっての初出願年からの経過年数を算出した。移動技術者については、日本企業での初出願年から移動想定時までの経過年数をキャリア年数としている。

(2) 特許生産性

各技術者の特許生産性を算出するため、1年間あたりの特許生産性を算出した。算出方法は、アジア新興企業に移動した技術者については、移動前企業での各技術者の出願特許件数を初出願から移動想定時期までの期間で除して算出している。また、移動していない技術者については、所属企業での出願特許件数を、初出願年から最後の出願年までの期間で除して算出している。

(3) 優秀度

各技術者の優秀度を重要特許への関与経験の度合いで測ることとす

る。重要技術への関与経験については、各技術者が関わったすべての特許データを抽出し、その被引用回数を合計することによって表現した。ここで、被引用回数とは、ある特許が後続特許に引用される回数を言い、技術的な重要性の高い重要特許ほど被引用数が多いことが実証されている[7]。企業内技術者にとって、多くの技術的重要特許に関与してきたことは、多くの重要技術に関する知識を有していることを示唆しており、技術者としての優秀さを示すものと考えられる。そこで、各技術者が関わった特許の被引用数の合計値を特許件数で除したものを技術者としての優秀さを示す代理指標として用いた。日本の電機企業に所属するすべての技術者について、この数値を算出した。

(4) 複雑技術の応用力

複雑技術の応用力を評価するために、各技術者がそれまでに関わった特許における後方引用回数を用いた。ここで、後方引用とは、特許の出願時に引用された先行特許件数を言い、この件数が多い特許は多様な知識を基に成立した発明であることを示唆している。すなわち、引用件数が少ない特許は独創性が高い一方、引用回数が多い特許は複雑な技術の組み合わせである傾向にある[8]。そこで関わった特許の引用件数の合計値を特許件数で除したものによって各発明者の複雑技術の応用力を表すこととし、すべての発明者についてこの数値を算出した。

(5) 経験技術分野の多様性

各技術者が多様な技術分野の経験を有するのか、特定の技術分野に特化した研究を行ってきたのかを調べるために、各発明者が関わった特許に現れるIPC番号の集中度について、ハーフィンダール・ハーシュマン指数（HHI）を用いて算出した。ハーフィンダール・ハーシュマン指数とは、集中度を示す指標であり、各シェアの二乗和で算出される。算出式は以下の通りである。ここでは、経験技術分野のIPC・HHI指数が高い技術者は特定の技術に特化してきた人、IPC・HHI指数が低い技術者は幅広い技術分野の経験を有する人と仮定している。

$$HHI = \sum_{i=1}^{n} C_i^2$$

---

[7] Carpenter et al., 1981 ; Albert et al., 1991 ; Harhoff et al, 1999.
[8] Hall et al., 2001.

C_i：i 番目の IPC 番号の占拠率（％）
N = IPC 分類

第3節　アジアで活躍する日本の技術者

1.　技術者の移動状況

1-1.　韓国企業へ移動した日本企業技術者

近年、営業秘密や技術情報が国内外に流出する事案が顕在化している（表1-1参照）。特に、新日鐵住金や東芝の事案は、日本を代表する大企業から最先端の技術情報が海外企業へ流出し、しかも技術情報を持ち出したのが関係者であったことから、社会に大きな衝撃を与え

表 1-1　近年の主な技術・情報漏洩事案

問題発覚時期	流出元企業	流出先企業	持ち出し者	持ち出されたもの
2012年	新日本製鐵（現・新日鐵住金）	ポスコ（韓国大手鉄鋼メーカー）	元社員（4名）	技術（方向性電磁鋼板技術）
2012年	ヨシツカ精機	中国企業	元社員	設計図（自動車用エンジン部品等を製造するプレス機の設計図）
2014年	東芝	ハイニックス半導体（現・SKハイニックス）（韓国大手半導体メーカー）	東芝の提携先の米企業の日本法人の技術者	研究データ（半導体メモリの研究データ）
2014年	日産自動車	国内競合他社へ転職（海外への情報譲渡目的ではない）	元社員	営業情報（新モデルの販売予定価格等の営業機密情報）
2015年	エディオン	国内競合他社へ転職（海外への情報譲渡目的ではない）	元幹部社員	営業情報（販売促進情報など）
2015年	光洋自動機	国内競合他社へ転職（海外への情報譲渡目的ではない）	元社員	技術情報（機械の設計データ）

出所：経済産業省「技術流出防止・営業秘密保護強化について」より筆者作成

た。これらの大型の技術流出事案の発覚後、これらの発覚事案はあくまでも氷山の一角に過ぎず、転職者を含めた人材を介した技術流出は国益を損なうものであるとの議論が盛んに行われた。その議論の中心は、営業秘密の保護強化や未遂犯を含めた罰則の強化、入社時及び退職時における秘密保持誓約書の強化、退職後の競合他社への転職制限等に関する検討等に向けられている。

　しかし、多くの技術者は「これまでに培ってきた技術力をどこかで活かしたい」、「若い技術者を育てたい」という思いで海外企業へ転じる人がほとんどであり、全体像を把握することなく、転職を一定期間禁じる等の対策を講じることは多数の善良な技術者を過度に制限することになりかねない。この点日本企業から新興国企業を含む海外企業へ、どのような人材が、どの程度移動しているのか等については、企業も政府も把握できていないのが現状である。日本ではこれまで転職が海外に比べて少なく、人材を通じた技術流出に対する危機感に乏しかったことやリストラ人材の退職後に無関心な態度であったこと等が影響しているのではないかと思われる。

　本研究では、特許データを用いて、日本企業内技術者の韓国、中国、その他アジア企業への移動状況を把握した。ここでは、日本企業から韓国企業へと移動した技術者に関する結果をまとめる。対象としたR&D人材は、以前日本の電機メーカーに所属し、後に韓国企業へ移動した人材である。移動先の韓国企業は、韓国国内に所在する韓国企業のみならず、日本に研究所等を設置している韓国企業で、移動者が日本国内で当該韓国企業において研究開発活動を実施している場合も含めている。なお、韓国企業へ移動したR&D人材の中には、指導役として採用され特許の発明者欄には名前が現れない場合や営業秘密等の観点からそもそも特許化されない研究開発活動に従事している場合なども考えられ、すべての移動者が特許上から捕捉できるわけではない点は注意を要する[9]。

　前述の通り、本研究では名寄せ等を行いながら、特許データを突き合わせ、移動者の氏名及び移動前企業・移動先企業の特定を行った結

9　インタビュー調査によれば、スカウト時に特許には名前を連ねないことを条件として提示されるケースもあるとされる。

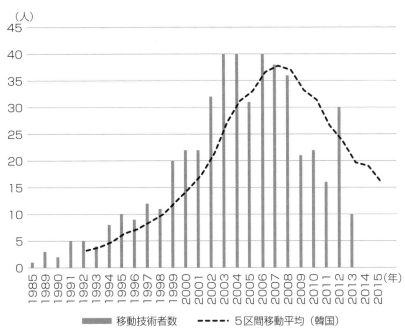

図1-4 韓国企業へ移動したR&D人材数の推移

果、特許上では490人の技術者の日本企業から韓国企業への移動が確認できた。その移動時期を推定し、移動者数の推移をまとめたものが図1-4である。棒グラフが、前節の移動時期推定のルールに基づき、年ごとの推計移動者数をまとめたものである。グラフからも明らかなように、毎年少なくとも10～30人程度の技術者人材が、日本の電機メーカーから韓国企業へと移っている。日本企業からのR&D人材の流出が最も多かったと予想されるのが、2002年から2008年の期間であり、1年に30人程度ずつ新規に韓国企業へと移籍していることが、客観的データからも裏打ちされたことになる。グラフは移動時期に関するものであるが、移動後も少なくとも数年間は在籍すると思われ、仮に2～3年、あるいは4～5年の期間契約と仮定すれば、ピーク時には100人以上の日本企業出身者が韓国企業に在籍し、研究開発活動に従事していたのではないかと推測される。

技術者の移動推定人数は、2002年が前年度比1.3倍、2012年が前

年度比1.5倍となっている。このことは、技術者の移動は、日本企業のリストラが増加した年の2～3年後に増加する傾向があることを示唆しているのではないかと考える。すなわち、日本企業のリストラは、バブル崩壊後の1990年代前半（第一の波）、ITバブル崩壊後の2000年代前半（第二の波）、円高不況の2010年代前半（第三の波）の3つの波があると言われているが、2002年頃からR&D人材の韓国への移動が急増したのは、リストラ第二の波（2000年代前半）の影響が、また、2012年に再び移動が急増したのはリストラ第三の波（2010年代前半）によって、電機メーカーの技術者が多く放出されたことが少なからず影響しているのではないかと考えられる。

　一方、図1-4の折れ線グラフは、移動者数推移の5区間移動平均を示したものである。移動平均法は、一定の区間（期間）を定め、範囲をずらしながらデータの平均値を連続的に求めることで、一時的な変動の影響を除いた推移を探ることができる。時系列データを観察する際に、変動が激しい場合には、実際には増加傾向にあるのか、停滞しているのかなどを判断しづらい場合が生じ得るが、移動平均法は一時的なブレの影響を除くことができ、近い将来の予測を行う上で有益である。本研究では、特許データを用い、移動前企業での特許と移動先企業での特許から移動時期を推定するという手法を採用した。移動者が新しい企業に転職し、新たに研究開発活動を再開して、特許化されるまでには一定程度時間を要することから、特許データによる移動時期の推定では直近の移動者を少なく見積もってしまう可能性がある。これらの要素も勘案し、長期トレンドを抽出するため、最後の2年間のデータを取り除いた上で、観察期間を長くとり、5区間の移動平均とすることにした。グラフからも明らかなように、日本企業から韓国企業へのR&D人材の移動は、ピークを越え、既に収束傾向にあると言える。

　サムスンは、横浜に本社ビル及び第二ビルを構え、大阪には研究所を設置し[10]、日本人技術者の積極採用を行ってきた。サムスン日本研究所のサイトでは、冷蔵庫や洗濯機、半導体関連装置等の分野で3年

10　サムスン日本研究所HP。1992年に東京に小規模な研究開発施設が設立され、1997年に横浜に本格的研究開発所を開設、2002年に大阪に研究所を開設した。

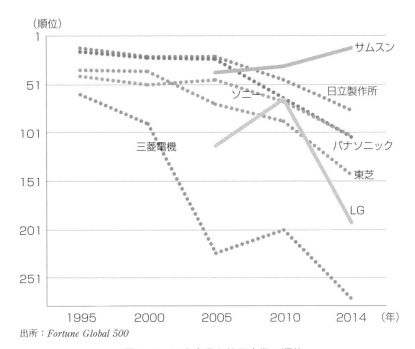

出所:*Fortune Global 500*

図1-5　日本企業と韓国企業の順位

以上研究開発経験のある研究開発者を年俸1000万円以上（リーダー職）等の条件で通年採用を行っている。また、LGも東京研究所、京都研究所、デザイン研究所を設置しており、東京研究所ではTVやスマートフォンなどの要素技術開発や新規材料に関する基礎研究、京都研究所では洗濯機や空気清浄機などの白物家電の要素技術開発を行っており、メーカー・大学・研究機関での研究開発経験を有するエンジニアや研究開発者の通年採用を行っている[11]。募集要項には、「日本の大手電機メーカーでの勤務経験10年以上」や「技術者としての研究開発経験2年以上」、「契約社員としての雇用形態の場合シニア（リタイア後など）の人材が望ましい」など条件が募集技術分野ごとに明記されており、どのような人材が欲しいのか具体的な像をもって採用活動を行っているように見える。

11　LG Electronics Japan Lab HPより。デザイン研究所は東京（品川区）に置かれている。

しかし、近年では前述の通り、日本企業から韓国企業へのR&D人材の移動がピークを越え、ほぼ収束状態にある。この原因として以下の2つが考えられる。第一に、韓国企業が日本に設置した研究所では、レーザープリンタや機能性材料、有機EL、二次電池・次世代電池、スマートフォン、デジタルカメラなど、様々な分野の研究開発経験者人材を通年募集しており、既に一定の人材を確保したことが考えられる。第二に、韓国企業は日本企業にキャッチアップしたことで、もはや日本企業から学ぶ必要はないと判断したのではないかと考えられる。実際に*Fortune Global 500*では、2005年にはサムスンはソニー、東芝、三菱電機を抜き、2010年には日立製作所、パナソニックも抜いている（図1-5参照）。企業規模で日本のトップメーカーを追い抜いたことで、日本から学ぶべき技術はないと考え、日本企業出身の技術者・研究者はもう必要ないと判断したのではないかと推測される。

1-2. 中国企業への技術者移動

近年、中国で働く日本人が増加傾向にあると報じられている。日本の技術は、中国企業からも評判が高く、自動車、電機、製鉄、重工業、高性能素材、各種部品メーカーなど、様々な中国大企業が日本人技術者を国からの補助を受けて高給で雇用していると言われる[12]。中国企業の中でも日本企業人材の採用に積極的なのが、スマートフォンや基地局などの通信設備などで有名な華為技術（ファーウェイ）である。華為技術は、2010年に東京に研究所を設立し、通信関連技術の研究開発を行ってきたが、2013年には研究所を東京から横浜に移設し、研究員も40人（2010年時点）から倍増する計画であることを発表した[13]。また、華為技術だけではなく、海爾集団（Haier、家電メーカー）や京東方科技集団（BOEテクノロジーグループ、中国最大手の液晶パネルメーカー）、中興通訊（ZTE、通信関連企業）などの中国の大手電機メーカーも日本人採用に積極的であると報じられている（2013年7月時点[14]）。

---

[12] 谷崎、2014。
[13] 華為技術HPより。
[14] 2013年7月19日、日本経済新聞「電機退職者、アジアが食指　大量リストラ「宝の山」に」。

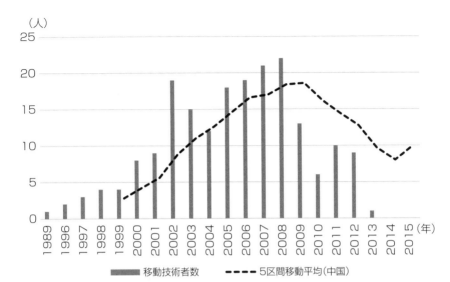

図1-6　中国企業へ移動したR&D人材数の推移

　本研究において、特許データを用いて日本の電機メーカーから中国企業へ移動した技術者について、氏名及び移動前企業・移動先企業を特定したところ、延べ196人の移動を確認することができた。図1-6の棒グラフは中国企業へ移動したR&D人材数の推移を示したものである。グラフからも明らかなように、移動者は2002年頃以降急激に増加している。日本の電機メーカーで技術者人材のリストラが本格化したのが2001年頃と言われており、放出された人材の多くは韓国に流れ、一部は中国に向かったのではないかと考えられる。

　図1-6の折れ線グラフは、5区間の移動平均を示したものである。前述の通り、中国企業は日本企業出身者を狙っており、今後さらに中国企業へ流出する技術者人材は常に増加傾向にあるものと思われていた。しかし、本研究で明らかになったのは、中国企業への移動は近年若干減少傾向にあるということである。長期トレンドで見た場合、日本企業から中国企業へと移動するR&D人材は、減少期間を経て、再び増加するか否かの分岐点にあると言えるのではないかと予想される。

　前述の通り、近年中国企業への技術人材の流出が急増していると言われてきた。しかし、特許データで見る限り、中国企業の日本人技術

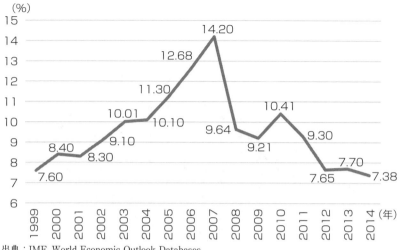

出典：IMF, World Economic Outlook Databases

図1-7　中国の経済成長率の推移

者採用の勢いは、徐々に低下しているように思われる。その原因については、以下の2つが考えられる。第一に、中国の経済や社会の情勢の変化を挙げることができる。図1-7に示した通り、2000年以降中国GDPは、10％程度の成長を続けてきたが、2012年には7.65％、2013年には7.70％、2014年には7.38％（推計）程度に下がっており、2012年頃から中国経済に失速傾向が始まったと指摘される。このような中国経済の失速に伴い、中国企業の外国人人材採用の機運が若干低下したのではないかと推測される。また、中国経済失速のニュースやデモの情報などから、日本企業出身者が中国企業をやや敬遠した可能性も否定できない。もっとも、今後中国の経済や社会情勢が改善すれば、再び日本企業から中国企業への移動人数が増加することも考えられ、この減少傾向は一時的なものである可能性もある。第二に、2014年あたりから、日本の電機メーカーの一部に復調の傾向が見られており、リストラのピークを脱したことが考えられる。日本に研究所を設置するアジア企業の目的の1つが、日本の大手電機メーカーのリストラ人材をスカウトするためと考えられているが、日本の電機メーカーのリストラの波が収まったことが、人材移動の停滞につな

がったのではないかと考えられる。また、電機メーカーが苦境の際には、リストラをされるぐらいなら伸び盛りの中国企業でこれまで培った技術を活かして仕事をしようと考えていた技術者たちも、日本の電機メーカーにやや明るい兆しが見えてきたことで、転職を思いとどまった可能性も考えられる。前述の通り、一部の韓国企業には、1990年代から日本国内に研究所を設置する動きが始まっていたが、中国企業が日本国内に研究所を設置する動きは、最近始まったばかりであり、それまでは中国に実際に行って研究開発に従事するケースがほとんどであったため、中国企業への転職はかなり大きなハードルではあったと予想されるからである。

1-3. その他のアジア企業への人材流出

近年の技術漏洩事案等の報道等から、韓国や中国に日本の技術者・研究者が流出しているとの認識が近年高まってきた。一方で、それ以外のアジアの国々への日本人の移動はあまり注目されていない。その背景には、中国や韓国の急成長は脅威に感じても、他のアジア諸国については経済規模等から見てもあまり脅威には感じていないことが影響しているのではないかと考えられる。本研究では、日本企業から韓国、中国以外のアジア企業（23か国）へ移動したR&D人材についても、客観的データから把握を行った。ここでは、韓国、中国企業を除くすべてのアジア企業が出願した特許と日本企業の出願した特許を突き合わせることによって、日本企業からその他アジア企業へ移動した技術者の特定を行っている。移動が確認できたのは、台湾、シンガポール、インド、香港、マレーシア、タイへ移動した350人の日本企業出身技術者である。

図1-8の棒グラフは、日本企業からその他アジア企業へと移動したR&D人材の推定移動時期に基づく移動者数推移である。1990年代後半以降、その他アジア企業へと移動する日本企業出身者は急増していることが分かる。この時期は、日本電機メーカーでもリストラが多く行われており、リストラ対象人材の一部が流れた可能性も考えられる。また、図1-8内の折れ線グラフは長期的なトレンドを見るために5区間移動平均を示したものである。図からも明らかな通り、韓国・中国

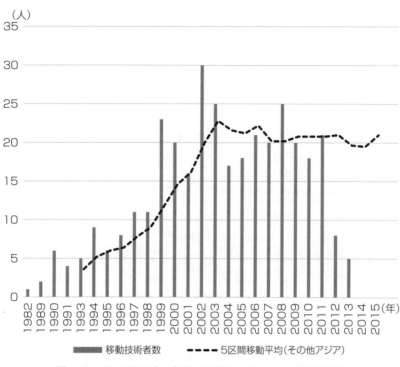

図1-8　その他アジア企業へ移動したR&D人材数の推移

を除くその他アジア企業への移動者は、一貫して増加傾向にあることが分かった。

　図1-9は、その他アジア企業へ移動した日本企業出身者の移動先国の内訳を示したものである。日本企業出身者の行先の中心は、台湾とシンガポールである。台湾の鴻海（ホンハイ）精密工業は、2013年に大阪にディスプレイ関連の研究開発子会社を設立し、さらに横浜にも研究所を設置する計画が発表された（2013年時点[15]）。また、IT企業であるタタ・コンサルタンシー・サービシズやインフォシスなどのインド企業のほか、バングラデシュ、マレーシア、ミャンマーの企業なども日本人技術者の積極採用に乗り出したと報じられており[16]、今

15　2013年5月31日、日本経済新聞「鴻海、大阪に開発拠点　大手のリストラ人材確保」。
16　2013年7月19日、日本経済新聞「電機退職者、アジアが食指　大量リストラ「宝の山」に」。

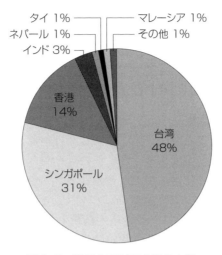

図1-9　移動先アジア企業の内訳

後はインドやマレーシアなどその他アジア諸国に移動する日本企業の技術者も増加するのではないかと予想される。

1-4. まとめ

　日本企業から韓国企業への技術者移動は1990年以降、多く確認され、2000年代半ばにピークを迎える。一方、中国企業への移動は、2000年代以降目立つようになり、やや減少傾向にあるものの、これからも移動傾向はしばらく持続する可能性もある。また、その他アジア企業への移動技術者は、1990年代以降確認され、今後はさらに増加することが予想される。

　このようにアジア企業への人材移動が増加したタイミングは、日本企業のリストラが増加した時期とも重なっており、リストラ人材あるいはリストラ予備軍が、リストラを契機にアジア企業へ移動した可能性がデータ上からも確認されたことになる。また、アジア企業にとっては、大量の技術者人材が放出されたタイミングが、キャッチアップを目指す時期と重なったことも、大量の技術者移動につながったものと思われる。

　今後は、インドやマレーシア、タイなどが技術力を高めるための動

きを活発化させることが予想され、日本企業内技術者に対してこれらの国の企業からオファーがかかる機会が増加するのではないかと考えられる。

2. キャリア年数に関する分析結果

2-1. キャリア年数

それでは、アジア新興国企業へ移動した日本企業出身技術者とはどのような人材が多いのであろうか。この点を明らかにするため、日本の電機メーカーから韓国、中国、その他アジア企業へと移動した技術者の移動時点のキャリア年数分布について分析を行った（図1-10参照）。このキャリア年数は、各企業内技術者にとって最初にアメリカ特許出願を行った時点から移動想定時までの経過年数を示したものである。すなわち、ここでのキャリア年数は、入社からの経過年数ではなく、アメリカ特許出願のキャリア年数を意味している。この点、一般的に、日本企業では入社後2～3年程度で国内特許の初出願を経験し、4～5年程度でアメリカ特許出願を経験するケースが多いと言われており、その期間には数年のラグがあるものと考えられる。

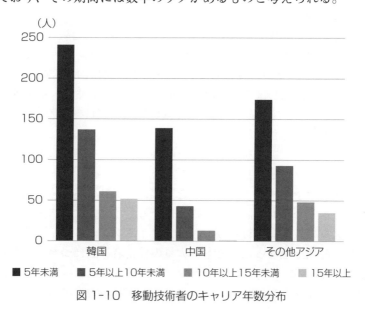

図1-10　移動技術者のキャリア年数分布

分析の結果、相対的に見て、移動者の中では、アメリカ特許出願の経験が5年未満の若手技術者が比較的多いことが分かる。一方、個別に見ると、韓国企業に移動する技術者人材の中には、15年以上の人材がかなり多く含まれており、多くのベテラン技術者が韓国企業に移動していることが明らかになった。また、その他アジア企業、特に台湾企業へ移動する人についても、キャリア年数の長い技術者が一定程度含まれている。しかし、中国企業へ移動する技術者は、キャリアの短い人が圧倒的に多く、ベテランの技術者はあまり中国企業へ移動していないことが明らかになった。

2-2. 年齢層

　図1-11は、各国企業へと移動した日本企業内技術者の現在の年齢を推定した結果をまとめたものである。すなわち、図1-10は、移動者の移動時点（推定）でのキャリア年数であるのに対して、図1-11は、移動技術者の現在の推定年齢を示している。Walsh & Nagaoka[17]

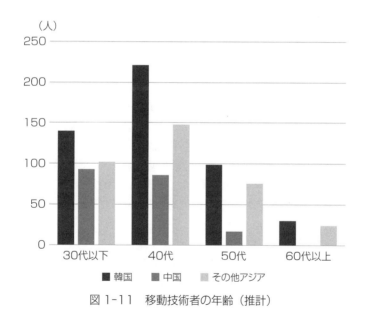

図1-11　移動技術者の年齢（推計）

17　Walsh & Nagaoka, 2009.

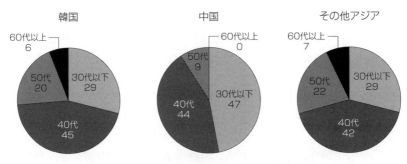

図 1-12　移動技術者の年齢割合（%）（推計）

によれば、日本企業では約 20％の人が 25 歳までに初出願を行っており、また 75％以上の人が 30 歳までに初出願をするとの研究報告があり、本研究では初出願年を 28 歳時点と仮定し、転職者の現時点での推定年齢を算出している。

　移動技術者は、40 代が非常に多いものと推測される。また、30 代の技術者は、韓国、中国、その他アジア企業に同程度ずつ移動しているのに対して、50 代、60 代の技術者は韓国及びその他アジア企業へ移動することがほとんどであり、中国企業へはあまり移動していないものと推測される。アジア新興国企業で技術者として活躍しているのは、30 代、40 代のうちに移動した技術者と言えるだろう。

　図 1-12 は、移動技術者の年齢割合を示したものである。40 代で移動した技術者が 4 割超を占め、30 代、50 代がそれに続くものと推測される。国別に見ると、中国企業へ移動する技術者は比較的若い傾向にあり、30 代、40 代が約 9 割を占めている。一方で、韓国企業へ移動する人材は比較的年齢層が高く、50 代以上の技術者が 4 分の 1 近く存在するものと推定される。台湾をはじめとするその他アジア企業へ移動する人材は、40 代を中心に多様な年齢層の人材が移動していると言える。

　このように韓国や台湾をはじめとするその他アジア企業へは、比較的ベテラン技術者が転職しているのに対して、中国企業への移動技術者は圧倒的に若手の割合が高いことが明らかになった。年齢割合に関する分析結果については、以下の 4 点を指摘することができる。

第一に、一般的に、アジア企業へ移動する技術者とは、リタイア後、あるいはリタイア間近の技術者ではないかと思われがちである。しかし、今回のデータからは、50代、60代以降の移動者が比較的少ないことが明らかになった。その理由として考えられるのは、今回把握できた移動者は、移動先企業で研究開発活動に従事しているR&D人材であるという点である。すなわち、移動先で研究開発のための「現役プレイヤー」として採用されている技術者であり、「技術顧問」のような形で、助言等を行う場合など、特許上に名前が現れない技術者については捕捉することができないからである。また、実際にサムスンに勤務した経験のあるたちばな氏の著書[18]によれば、サムスンでは早い人では40歳前後に役員となるが、遅い人でもタイムリミットの年齢は45歳であり、45歳を過ぎても役員になれない人は自動的に退社することになるとされる。このように、アジア企業では、日本企業以上に「現役プレイヤー」として活躍できる時期が短いことから、必然的に30代、40代が活躍の中心となるものと推測される。

　第二に、ベテラン技術者は、韓国や台湾を選び、中国へはあまり移動していない点に関しては、ベテラン技術者には、複数の企業からヘッドハントの話などがもたらされていた可能性があり、多くのベテラン技術者は既に企業が成長し、業績が安定している韓国や台湾の企業を選択したのではないかと推測される。一方、1990年代等にはまだ成長企業とは言い難かった中国企業は、ベテラン技術者を本当は採用したかったが、勧誘に失敗した可能性が考えられる。

　第三に、韓国やその他アジア企業では、ベテラン技術者の需要が多い原因として、ベテラン研究者の有する技術力や指導力に期待していることが考えられる。なぜなら、先進企業の人材を採用することのメリットの1つとして、先端企業での豊富な技術経験を有する者の指導の下で、自社内技術者が技術を学習し、経験を積むことが考えられるからである。このように、先進国企業での研究開発経験年数が長い技術者は、後発企業にとって魅力的に映るのではないかと考えられる。

　第四に、中国企業に移動した技術者が若手中心であった理由につい

18　たちばな『サムスンから学ぶ勝者の条件』電波新聞社、2012。

ては、中国企業ではベテランよりも若手を高く評価する傾向にあることが影響しているのではないかと考えられる。この点、中国企業では若手技術者が多い理由として、中国企業は「技術者・研究者の年齢が高いと技術も古い」と考えており、若い技術者から最先端の技術を取り入れたいという考え方が強いとの指摘もある[19]。また、谷崎 (2014) によれば、中国の会社は、トップに若くて優秀な人材を据える傾向にあり、例えば中国家電メーカートップの美的集団（Midea Group）の現幹部たちの平均年齢は35歳から45歳程度とされる[20]。このように、中国企業は若者を積極的に起用する風土がある上、近年は、スマートフォンの開発に力を入れており、スマートフォンの最新技術の情報を有する若い研究者・技術者を積極的に採用したいと考えたのではないかと考えられる。

3. 出身企業の規模に関する分析結果

次に、日本企業から韓国、中国、そのアジア企業へ移動した企業内技術者について、出身日本企業について分析を行った。手元資料では、すべての技術者の出身企業を特許データから可能な限り特定しているが、プライバシーを考慮し、ここでは個別の企業名は表示しない。便宜上、各技術者の出身企業を、電機大手8社、大企業、準大企業、中堅企業、その他の5つに分類した。ここで、電機大手8社とは、日立製作所、パナソニック、ソニー、東芝、富士通、三菱電機、シャープ、NECを言う。大企業とは、電機大手8社以外の企業のうち、連結売上高1兆円以上の企業を言う。準大企業とは連結売上高5000億円以上1兆円未満の企業、中堅企業とは連結売上高1000億円以上5000億円未満の企業とした[21]。その他には、売上高1000億円未満の企業のほか、大学や公的研究機関等が含まれる。このように、本研究では、企業規模を資本金ベースではなく、売上高ベースで分類した。その理由は、近年資本金で企業規模を測る意義が小さくなりつつあることに加えて、本研究では研究開発が進んでいる先進企業からアジア新興国

---

19 谷崎、2014。
20 谷崎、2014。
21 各社財務諸表より筆者分類。

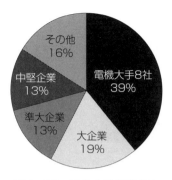

図1-13　出身企業規模分布

企業への人材移動を観察することを目的としているため、売上高の方が出身企業規模を測る上で適すると考えられるからである。

図1-13に示した通り、アジア新興国企業へ移動した技術者のうち、約6割が電機大手8社と大企業で占められていることが分かる。残り4割は、準大企業や中堅企業、研究機関等の出身である。この点、特許を用いて移動者を特定する以上、特許を出す件数の多い大企業に所属する技術者の方が検出しやすいという意味で、多少のバイアスがかかることが予想される。しかし、多くのアジア新興国企業は技術者人材を採用する際の重要な資料として特許を多用しており、人材カタログのように参照することもあるとされており、特許情報は移動技術者を特定する上で一定の実効性があると考える[22]。

図1-14は、移動した技術者の出身企業を韓国、中国、その他アジア企業ごとに示したものである。韓国へ移動した技術者の4割以上が、電機大手8社の出身であることが分かる。また、準大企業以上で人材の6割が占められている。一方、電機大手8社から中国企業へ移動する技術者の割合は3割に満たない。その他アジア企業へ移動する人材は、電機大手8社出身者が比較的多いが、全体的に分散していると言える。

大企業出身技術者の多くが韓国企業に移動している理由としては、

---

[22] 日本企業とアジア新興国企業の技術者の接点としては、共同研究や技術援助、学会等もあるが、候補者をリストアップする際には特許の発明者情報が大きな情報源になっているものと思われる。

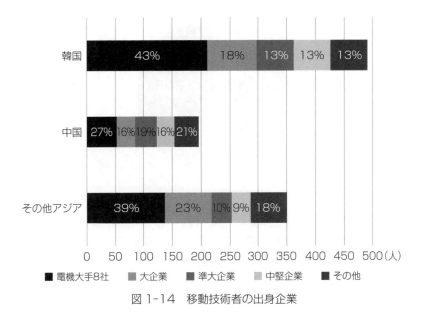

図1-14　移動技術者の出身企業

韓国企業の方が、中国企業やその他アジア企業よりも成長が早かったことに加え、日本に研究開発拠点を設置した時期が早かったことが影響しているのではないかと考えられる。例えば、サムスン（韓国企業）は1992年に最初の日本研究所を設立しているのに対し、華為（中国企業）が日本に研究所を設立したのは2010年である。日本に早い時期に研究所を設置したことが、大手企業出身の技術者を大量に獲得することにつながったのではないかと考えられる。

4. 過去の実績に関する分析結果

後発企業が先進企業に技術的にキャッチアップし、市場でのシェアを獲得するためには、後発企業の成長スピードが先進企業のそれよりも速くなくてはならない[23]。後発企業が先進企業以上のスピードで研究開発を実現するためには、即戦力となる研究開発人材が不可欠となる。したがって、後発企業は、即戦力を重視した採用活動を行うので

23　末廣、2000。

はないかと考えられる。そこで、ここでは韓国、中国、その他アジア企業へ移動した日本企業内技術者は、即戦力を有する人材であったのかを検証していきたい。

　各技術者の即戦力を測る尺度としては、様々なものがあり得るが、ここでは「特許生産性」、「1特許あたり平均引用回数」、「1特許あたりの平均被引用回数」を尺度として用いた。まず、「特許生産性」とは、各発明者が1年間に出願した特許の平均出願件数を言う。各発明者の初出願年から現在までに出願した特許件数を、経過年数で除して算出している。特許生産性は、効率的に特許を産出できるか否かに関する即戦力の指標となり得る。次に、1特許あたり平均引用回数とは、各発明者が関与したすべての特許の引用回数を特許件数で除し、1特許あたりに何件の特許を引用しているのかを算出したものを言う。一般的に、引用件数が多い特許ほど、複雑技術を組み合わせたものと考えられており、ここでは「複雑技術の応用力」という点での即戦力を示す指標として用いた。さらに、1特許あたり平均被引用回数とは、各発明者が関与したすべての特許の被引用回数を特許件数で除したものであり、1特許あたりにどの程度引用されているのかを示したものである。被引用回数の多い特許とは、後願の発明に影響を与えた特許であることを示しており、被引用回数の多い特許ほど質が高いと言われている。そこで、各発明者が関与した特許について1特許あたりの被引用回数は、重要技術への関与経験の度合いを示しており、発明者としての「優秀度」を示す指標として用いた。

　次に、各発明者の即戦力をどのように評価すべきかという点についてであるが、電機分野に属するすべての日本企業内技術者を比較対象とし、全技術者の中で上位の即戦力と言えるのか、あるいは下位の即戦力なのかといった観点から四分位で評価することとした。ここでは、日本の電機分野の全技術者13万2621人[24]について、各技術者の特許生産性、1特許あたり平均引用回数、1特許あたり平均被引用回数を算出した。各発明者の同定については、特許データの名寄せの後、同一企業に所属する同姓同名は同一人物と判定するという基準で行って

24　引用回数、被引用回数に関しては、一部データの欠損のため、12万6536人を対象に算出した。

表 1-2　日本の電機分野技術者の全体像

	観測数	平均	標準偏差	四分位数		
				25%	50%	75%
特許生産性	132,621	0.241308	0.370904	0.07	0.13	0.27
複雑技術の応用力	126,536	7.469745	7.338318	4	6	9
優秀度	126,536	10.28522	14.60097	2	6	13

いった。すなわち、技術者名と企業名を紐付けすることによって、技術者の特定を行った。表1-2は、日本の電機メーカーに所属する全技術者の特許生産性、複雑技術の応用力、優秀度を算出し、その結果について、平均、標準偏差及び四分位数をまとめたものである。この四分位数に基づき、日本の電機分野技術者をトップ（上位）25%、上位25～50%、上位50～75%、ワースト（下位）25%の4ランクに分類した。

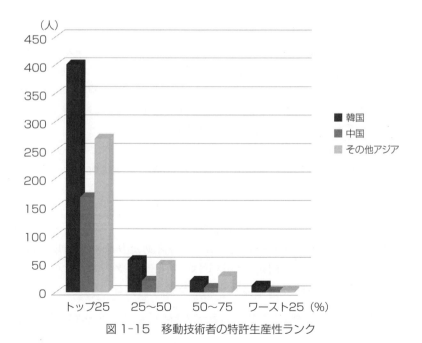

図1-15　移動技術者の特許生産性ランク

(1) 特許生産性

図1-15は、日本から東アジア企業へと移動した技術者について、日本の全電機メーカー内技術者の中での特許生産性ランクを示したものである。すなわち、日本全国の電機技術者を4つのランクに分類し、各移動技術者はどのランクに属していたのかを示している。分析の結果、移動発明者は顕著に特許生産性が高いことが明らかになった。移動技術者の約8割が、全国の電機分野技術者のトップ25%以内に入っている。すなわち、東アジア企業へ移動した技術者は、国内でも非常に効率的に特許を産出できる人材であったと言うことができる。

(2) 複雑技術の応用力

図1-16は、移動技術者の複雑技術の応用力を、全国の電機分野技術者の中でのランクによって示したものである。複雑技術の応用力については、すべてのランクの技術者がほぼ均等に東アジア企業へ移動していると言え、様々な技術を組み合わせた技術を開発してきたか否かは、東アジア企業への移動とはあまり関係しないと言える。

(3) 優秀度

図1-17は、移動技術者の優秀度ランクが全国の電機分野技術者の中でどのレベルにあるのかを調べた結果を示したものである。韓国企

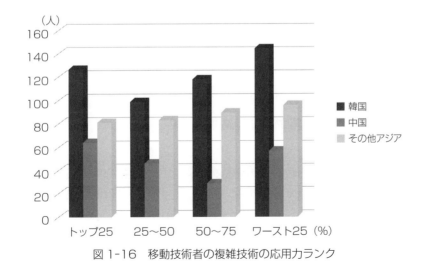

図1-16 移動技術者の複雑技術の応用力ランク

第1章 アジアに逃れた技術者たち　45

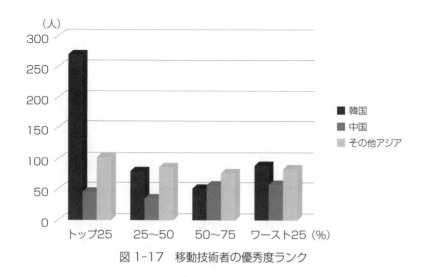

図1-17 移動技術者の優秀度ランク

業に移動した技術者に関しては、明らかに国内トップ25％以内の技術者が多く含まれており、また上位25〜50％以内の技術者も多いことが明らかになった。韓国企業は優秀度の高い技術者、すなわち日本企業で重要な特許に関与した度合いの高い技術者を明確に狙って採用しているのではないかと推測される。一方、中国企業へ移動した技術者については、優秀度は分散傾向にあり、必ずしも優秀な技術者だけが中国企業に移動しているわけではない。むしろ、日本全体の技術者レベルで見れば、重要な特許に関与した度合いの低い技術者の割合が高い傾向にある。その他アジア企業についても分散傾向にあるものの、比較的優秀な技術者が移動する傾向にあると言える。

5. 技術分野に関する分析結果

(1) 専門分野

次に、日本企業の技術者の中で、どのような技術分野の人材のニーズが高いのかについて分析を行いたい。特許データには、出願人や発明者に関する情報のほか、特許文献の技術内容による分類（IPC）が表示される。

ここでは、東アジア企業へ移動した日本企業内技術者について、当

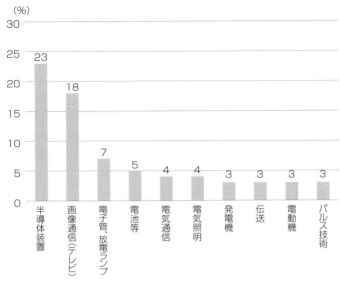

図 1-18　韓国へ移動した技術者の専門分野

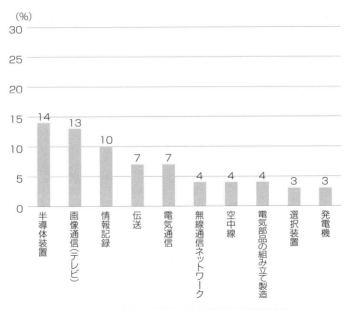

図 1-19　中国へ移動した技術者の専門分野

第1章　アジアに逃れた技術者たち　　47

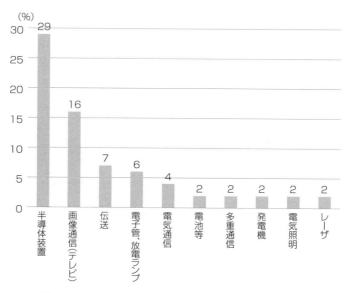

図 1-20　その他アジアへ移動した技術者の専門分野

該技術者が日本企業内で関与したすべての特許の中で最も頻繁に現れるIPC番号を調査することによって、各技術者の専門分野の特定を試みた。分析の結果、東アジア企業へ移動する技術者の専門分野は、半導体装置に関する技術と画像通信に関する技術が最も多いことが明らかになった。特にその傾向は、韓国及び台湾をはじめとするその他アジア企業に顕著である。一方、中国企業へ移動した技術者では、半導体や画像通信技術に加えて、情報記録や伝送、電気通信、無線通信ネットワークなどの情報通信系の技術分野を専門とする技術者が多く、中国企業は韓国企業等とは技術ニーズが異なる可能性が考えられる（表1-3参照）。

(2)　技術分野の専門性・多様性

それでは、研究開発を進める上で、特定の技術分野に特化した専門家と幅広い技術分野の経験を有する技術者では、どちらの技術者の方がよりアジア企業へ移動しているのであろうか。ここでは、日本のすべての電機分野技術者（13万2621人）について、各技術者が関与した特許内に現れるIPC番号がどの程度分散しているのか、あるいは

表1-3 移動技術者の専門分野（参考）

順位	韓国 IPC	韓国 技術内容	中国 IPC	中国 技術内容	その他アジア IPC	その他アジア 技術内容
1	H01L	半導体装置	H01L	半導体装置	H01L	半導体装置
2	H04N	画像通信（テレビ）	H04N	画像通信（テレビ）	H04N	画像通信（テレビ）
3	H01J	電子管、放電ランプ	G11B	情報記録	H04B	伝送
4	H01M	電池等	H04B	伝送	H01J	電子管、放電ランプ
5	H04L	電気通信	H04L	電気通信	H04L	電気通信
6	H05B	電気照明	H04W	無線通信ネットワーク	H01M	電池等
7	H02K	発電機	H01Q	空中線	H04J	多重通信
8	H04B	伝送	H05K	電気部品の組み立て製造	H02K	発電機
9	H02P	電動機	H04Q	選択装置	H05B	電気照明
10	H03K	パルス技術	H02K	発電機	H01S	誘導放出を用いた装置

表1-4 日本の電機分野技術者の専門性・多様性

	観測数	平均	標準偏差	四分位数 25%	四分位数 50%	四分位数 75%
技術分野の多様性	132,621	0.602235	0.338225	0.33	0.5	1

集中しているのかをHHI指数によって算出することにより、経験技術分野の多様性・専門性を数値化して表すこととした。日本企業内で関与した特許に係るIPC分野が特定の分野に集中している場合をスペシャリスト的技術者と捉え、多様な技術分野にまたがっているような場合をゼネラリスト的技術者と定義した。表1-4は、すべての日本の電機分野技術者の経験技術分野の集中度を算出し、その平均、標準偏差、四分位数を示したものである。

図1-21は、移動技術者の技術分野の集中度が、全国の電機分野技術者と比較して、技術分野の集中・分散傾向を中央値によって2分して表示したものである。韓国企業へ移動した技術者は、多様な技術分野経験を有するゼネラリスト的技術者が若干多いことが明らかになっ

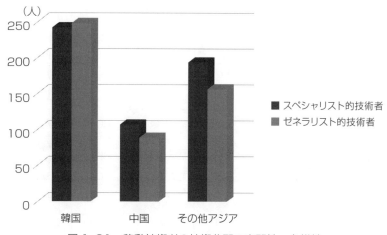

図1-21　移動技術者の技術分野の専門性・多様性

た。一方で、中国企業やその他アジア企業へ移動した技術者は、専門的技術分野に特化したスペシャリスト的技術者の方が比較的多いことが明らかになった。

第4節　小括

　日本企業から東アジア企業へのR&D人材の流出傾向は、1990年代後半から本格化していたことが、特許データから客観的に確認された。また、日本企業から移動した人材は、電機大手8社の出身者を中心に、大企業出身者が多く占めることが明らかになった。特に、その移動先としては韓国企業が多く、韓国企業の獲得した日本企業出身R&D人材のうち半数近くは、電機大手8社出身と思われることがデータ上から確認された。東アジア企業へ移動するR&D人材の推定年齢層は、20代から60代まで幅広く分散しているものの、国ごとに見ると、韓国企業へ移動する人材は比較的年齢層が高く、中国企業へ移動する人材は比較的年齢層が若いことが明らかになった。これは、中国企業の特徴として、「年齢層が高い人材は技術も古い」と考える傾向にあることが影響している可能性も考えられる。また、東アジア企業へ移動する人材は、特許生産性が国内でトップクラスの人材が多く、また重

要特許への関与経験のある優秀な人材であることが明らかになった。東アジア企業は採用する際に特許情報を参照するなどして優秀な技術者を正確に見定めているのではないかと推測される。特に韓国企業は日本企業で重要な技術に関与した経験のある技術者を明らかに狙っているように思われ、ターゲットとする技術に詳しい技術者をピンポイントで狙う傾向にあるのではないかと推測される。このことは、日本企業の技術者の側から見れば、日本企業が先行する技術分野において全体の上位25％程度に入っていなければ、東アジア企業に採用され難いということを示唆している。

　一方、日本企業にとっては、東アジアのライバル企業に移動した技術者は、国内トップクラスの技術者であったことを認識して人材マネジメントを行っていく必要があることを示唆しているのではないだろうか。これまで、日本企業の多くは、リストラ人材が、その後どのような企業に再就職を果たしたのか、どのような仕事をしているのかについて無関心であることが多かった。某大手電機メーカーの部長にヒアリングを行った際に、なぜ辞めた人のその後に無関心なのかを質問したところ、「辞めさせられる人は仕事ができない人、転職する人は根気が足らない人だと思っており、彼らが新しい挑戦を始めたとしても自社にとって脅威ではないと思っている」という趣旨の回答であった。確かに、1つの企業に長く勤続することは重要であるが、近年では「リストラをすれば優秀な人から辞めていく」と言われており、辞めていく人が優秀でないとは限らない。実際に、今回のデータ分析結果が示す通り、日本企業を辞めて、海外企業に転職する人材は、大企業出身で、国内トップクラスのR&D生産性を維持する、非常に優秀な技術者が多いことが示された。さらに今回のデータ分析ではリストラが増加した時期と技術者の移動が増える時期は密接に関係していることが明らかになった。2000年代前半の「リストラ第二の波」の後、2002〜2008年に韓国企業、中国企業への移動が増加した（第一の人材流動化の波）。また、2010年代前半の「リストラ第三の波」の後、2011〜2012年頃には韓国企業やその他アジア企業への技術者移動が増加した（第二の人材流動化の波）。日本企業の多くは、何とかリストラを進めなければならないという焦りが強く、新興国企業の動向に

対する危機感や退職者への配慮が欠如していたことが、優秀な人材から海外流出するという結果につながったのではないかと考えられる。
　今回のデータ分析で明らかになったこととして、韓国企業への移動は既にピークを越え、収束傾向にあること、また中国への移動はこれからますます加速するものと思われていたが、実際にはやや減速の傾向が見られること、今後は台湾や香港、シンガポール、タイ、マレーシアなどの国々への移動が増加するのではないかと予測されることが明らかになった。日本企業は、来たる第三の人材流動化の波にどのように対処すべきかを改めて考えなければならない時期に来ていると言えるだろう。

第2章

選ばれる人材の条件

第1節　アジアの企業が求める技術者像

　一般に、日本企業から韓国、中国をはじめとするアジア企業に技術者人材が流出していることについては、「技術流出・技術漏洩」というようなネガティブな文脈で捉えられがちである。確かに、悪意を持ってデータや技術情報を持ち出し、ライバル企業に提供することは許されることではない。しかし、外国企業へ移動する技術者の多くは、それまでに培った技術力を活かしたいと考えて転職を決意することがほとんどであると考えられる。そもそもリストラ対象の社員が、自分の強みを活かした転職を考えることは当然のことであり、それ自体は責められるべきことではない。

　また、外国人から技術を学んだり、技術を模倣しようとしたりすることは、日本も通ってきた道である。例えば、幕末から明治にかけての殖産興業政策では、多くの欧米人を「お雇い外国人」として雇用することで、欧米の先進技術等を取り入れることに成功した。また、1980年代には、日本企業の社員がアメリカ企業の機密情報に対する産業スパイ行為を行ったとして逮捕された事件もある[1]。

　今、取り組まなければならないのは、このような人材流出や技術流出について、転職者やその転職者を採用した競合他社を非難することではなく、外国人人材を活用して成功した企業は、どのような人材を選び、どのようにマネジメントすることで技術的成長につなげたのかという成功要因を探ることではないかと考える。アジアの中でも急成

1　IBM産業スパイ事件、1982年6月22日。

長を遂げた企業がどのような外部人材獲得戦略を採り、どのような人材を採用してきたのかを分析することは、以下の2つの利点があると考える。第一に、企業が外国人人材を採用しようとする際に、どのような人材を採用することが好ましいのかを知ることができる点である。すなわち、外国人人材を活用することによって急成長を遂げた東アジア企業が採用した人材獲得戦略は、これまであまり外国人人材を活用してこなかった日本企業にとって、どのような人材を採用すべきかに関する指針となり得るものと考える。第二に、これから海外企業へ転職したいと考える企業人にとっては、東アジアではどのような人材が求められているのか、特に世界のトップメーカーの仲間入りを果たすような成長企業ではどのような人材が必要とされているのかを知ることを通じて、自分を必要とする企業とはどのような企業なのか、成長企業に移るためにはどのようなスキルを身につけるべきかに関するヒントを得ることにつながるものと考える。

第2節　選ばれる人材の条件

　前章で述べた通り、日本企業からアジアの企業へ移動した技術者は特許生産性が国内トップクラスの優秀な技術者が多いことが明らかになった。また、韓国企業は日本企業内で重要な技術開発に関与した経験のある技術者を選好する傾向のように思われる。どのような技術者を採用するのかという人材戦略は国ごと、企業ごとに異なることが予想される。そこで、本章では、アジア新興国の中でも、急成長を遂げた企業に焦点を当て、各社が日本企業出身の技術者を採用する際、どのような要素を重視しているのかについて決定要因分析を行っていく。ここでは、日本企業からの移動者数や企業成長スピード等を勘案し、サムスン電子、鴻海精密工業、華為技術、LGエレクトロニクス、現代（ヒュンダイ）の5社を取り上げ、その分析結果について述べる。実際の移動技術者に関する基礎データについては次節を、具体的な分析手法及び詳細な分析結果については第4節をご参照頂きたい。

　各技術者の評価指標については、①キャリア年数、②過去の実績、③複雑技術の応用力、④専門性、⑤スター性、⑥政治力、⑦仲介力、

⑧社交性の8項目である。各指標の詳細は第4節をご参照頂くこととし、ここでは簡単に各指標を説明する。①から④は特許の書誌情報に基づき、各技術者の過去の実績を数値化したものである。①キャリア年数とは、各技術者にとって初めてアメリカ特許を出願した年からの経過年を言う。②過去の実績とは、各技術者がそれまでに日本企業内で関与した特許がどの程度重要な特許であったのかを数値化して示したものである。③複雑技術の応用力とは、各技術者がそれまで日本企業内で関わった特許がどの程度複雑技術を組み合わせたものなのかを示すものである。④専門性とは、各技術者が幅広い技術分野の経験を有するのか、特定の技術分野に特化したものかを数値化したものである。⑤から⑧はネットワーク理論を用いたものであり、特許の共発明関係から企業内での各技術者のつながりを調べ、技術者ネットワーク内でのポジションから各技術者の性質を数値で表したものである。具体的には、⑤スター性とは、多くの技術者とつながりを有していることをいう。⑥政治力とは、重要な人物とつながりを持ち、陰で助言を行うようなポジションにあることをいう。⑦仲介力とは、技術者間の情報の橋し渡し役を担うようなポジションにあることをいう。⑧社交性とは、すべての技術者と素早く連絡をとれるようなポジションにあることをいう。

1. サムスン電子

サムスン電子は、韓国最大の家電・電子機器メーカーである。サムスン電子の人材管理は、創業者・李秉喆（イ・ビョンチョル）の理念から、能力のある優秀な人材を抜擢・優遇することに力を入れてきた点に特徴がある[2]。内部人材の育成だけではなく、2000年代以降は外国の優秀な人材の採用も積極的に行ってきた[3]。

アジア新興国企業では急速なキャッチアップを実現するため、多大な時間とコストを要する基礎的な技術開発には力を入れず、先進企業の技術を参考にすることで補う傾向にあるとされる。このことは、サムスンの李健熙（イ・ゴンヒ）会長の「技術は調達するものであって、

---

[2] 李・新宅、2012。
[3] 石田、2013。

自ら開発するものではない」という経営思想にも端的に表れている[4]。内部人材の育成のみならず、外国の優秀な人材の確保に力を入れたのも、外部から技術を調達し、急速なキャッチアップを実現する上で重要な役割を果たしたものと考えられる。だからこそ、基礎的な技術開発レベルの高い日本企業の技術者は、アジア新興国企業にとって非常に魅力的なのである。

　また、技術者を1人引き抜いても開発が進まないことも多いことから、日本企業の技術者を開発チームごと引き抜くということも行われていると言われている[5]。先進企業と同程度の品質の最終製品を開発するためには、1人の技術者から技術を学んで自分たちで開発するよりも、開発チームごと引き抜き、開発をやってもらった方が早いと判断したのではないかと考えられる[6]。

　まずは、本研究で行ったデータ分析の結果から、日本企業からサムスン[7]へと転職した人材に関する基礎データについて述べたい。移動者の中には、サムスン本社に移動した者だけではなく、日本国内に所在するサムスンの研究所へ移動した者も含む。特許データ上から確認することができた移動者は、414人である。また、特許データを分析した結果、サムスンに移動した日本企業出身者は、複数人の日本企業出身者と同じ研究グループで研究しているケースが多く見られた。すなわち、日本企業出身者が複数人同じ研究グループで研究しているケースが複数確認されたのである。さらに、これらの研究グループの中には、同じ日本企業出身者、すなわち、元同僚と共に研究開発を行っている事例も見受けられた。また、彼らの移動パターンを特許データから分析すると、移動時期が数年ずれているように推測されることから、まずは1人がサムスンに移動し、そのあと元同僚や部下がサムスンに移動しているのではないかと推測される。採用する側からすれば、まず1人の技術者を採用してみて、有能であると判断すれば、その技術者にとって研究しやすい環境やメンバーを整えるという方法

4　小川、2014。
5　吉川良三氏（東京大学大学院経済学研究科ものづくり経営研究センター特任研究員）へのインタビュー記事（ロイター、2012）。
6　Khanna et al., 2011 ; Delios, 2010.
7　サムスン電子のほか、サムスンSDI及びサムスンディスプレイを含む。

表2-1　サムスンの外部人材戦略

経歴				技術者ネットワーク上での地位			
キャリア年数	過去の実績	複雑技術の応用力	幅広い技術分野経験	スター性	政治力	仲介力	社交性
高い傾向	高い傾向	非常に重視	非常に重視	高い傾向	非常に重視	高い傾向	高い傾向

が、最もリスクとコストを抑えて理想的な開発チームを作ることができることから、合理的な戦略と言える。

　それでは、サムスンは日本企業内の技術者の中から採用する際、どのような要素を重視して採用を決定しているのであろうか。この点を明らかにするため、日本企業内技術者の中で、サムスンに移動した人としなかった人の相違に関するプロビット分析を行った。表2-1は、サムスンの日本企業人材採用の際の決定要因に関する分析の結果を示したものである。ここでは分かりやすくするため、一部省略して表記している。データ分析の結果、サムスン電子は日本企業の技術者を採用する際、①複雑技術の応用力、②幅広い技術分野経験、③技術者ネットワーク内で「政治力」がある地位にあることを非常に重視していることが実証的に示された。

　たちばな氏は、以前サムスンに勤務した経験から、「サムスン電子の最大のウィークポイントは、技術力である」と指摘している[8]。この点、サムスンが、①複雑技術の応用力や、②幅広い技術分野経験を重視して、日本企業技術者を採用している背景には、サムスンが「技術力」を強化したいという狙いがあるのではないかと思われる。

　また、日本企業内の技術者ネットワーク内で、③政治力のある技術者を選ぶ傾向にある点は非常に興味深い。技術者ネットワーク内で政治力のある技術者は、「陰の実力者」と言われており、スター技術者のそばで様々な情報を引き出し、その情報を活用することのできる人材と考えられている。特許データ上から、同じ日本企業から複数人の技術者がサムスンに移動しており、サムスンでも同じ研究チームで研究開発に従事していたケースが確認されたことも勘案すると、そのよ

8　たちばな、2012。

うな政治力の高い技術者を採用することで、他の技術者に関する情報等を入手することも想定していた可能性も否定できない。偶然か意図的かは定かではないが、いずれにしてもサムスンは日本企業の技術者ネットワーク上で最も情報を効果的に活用できる人材を選んでいるということが言える。

このようにサムスン電子の外部人材採用傾向は、幅広い技術を有し、技術の応用力の高い人材で、技術者ネットワーク内で政治力のある技術者を選ぶ傾向にあると言える。

2. 鴻海精密工業

鴻海精密工業（Hon Hai Precision Industry Co., Ltd.）は、台湾に本社を持つ電子機器メーカーであり、*Fortune Global 500*では、世界企業ランキング第32位（2014年）の台湾一の企業である。鴻海の人材管理の特徴は、人材育成に力を入れている点にある[9]。台湾企業では、新入社員を専門技術の訓練校に入れ、専門技術を習得する機会を与えたり、高級技術を身につけるための社員研修を施したりする企業も少なくない。このように、鴻海は労働者の教育を重視することで、競争力をつけてきた企業と言える。

特許データを分析した結果、鴻海精密工業に移動した日本企業出身者は、サムスンのように複数の日本企業出身者と同じ研究ユニットで研究開発に従事するのではなく、1人ずつ現地技術者のグループに加わるケースが多いことが特許上から確認された。

次に、鴻海精密工業の日本企業人材採用の際の決定要因に関する分析の結果を表2-2に示した。まず、採用の際に強く重視しているのが、①複雑技術の応用力と②技術者ネットワーク内での「政治力」である。また、③幅広い技術分野経験を有することについてもやや重視している。サムスンと重視する要素が非常に近く、幅広い技術経験を基に、複雑技術を応用することのできる日本企業技術者を積極的に選択して採用していることが分かる。一方で興味深いのは、④技術者ネットワークにおいて、「スター性」がないことをやや重視しているという

---

9 沼上、2013。

表2-2 鴻海の外部人材戦略

経歴				技術者ネットワーク上での地位			
キャリア年数	過去の実績	複雑技術の応用力	幅広い技術分野経験	スター性	政治力	仲介力	社交性
低い傾向	高い傾向	非常に重視	やや重視	控えめタイプをやや重視	非常に重視	高い傾向	低い傾向

点である。このことは、様々な特許に名前が現れるような目立つ技術者は選ばない傾向にあることを示唆している。サムスンでは、比較的「スター性」の高い技術者を選ぶ傾向にあった[10]が、鴻海では「スター性」の低い技術者を選ぶ傾向にある点で異なっている。

　なぜ、鴻海は「スター性」の低い技術者を選ぶのであろうか。その理由は、鴻海グループの郭台銘（カク・タイメイ）総裁の言葉に表れているように思われる[11]。郭総裁は、「(日本人技術者を採用すると、)日本の技術を取りに来たという人たちもいるが、それは違います。私たちは、日本の技術者と共に、世界に打って出ようとしているだけです」と述べている。さらに、日本人技術者が活躍できる舞台を作るということを意識して、日本人技術者を採用し、活用しているとも語っている。郭総裁の言葉に表れているように、鴻海は日本人技術者と共に成長していきたいと考えているからこそ、敢えて「スター性」のある技術者は選ばなかったのではないかと推測する。なぜならば、日本企業内の技術者ネットワークにおいて最も中核にいる「スター」技術者を根こそぎ引き抜けば、日本の技術者ネットワークが瓦解したり、日本企業技術者から反発を招いたりしかねないからである。

　日本企業からアジアへ移動した技術者のインタビュー記事等を見ていると、韓国や中国企業へ移動した技術者の多くが仮名で登場するのに対して、鴻海へ移動した技術者は、本名で、しかも出身日本企業も明示した上で取材に応じているケースが多いことに気づかされる。一般的に、アジア企業に移動した技術者は、日本の技術の海外漏洩に加担してしまっているのではないかという後ろめたい気持ちを持ちがちである。しかし、日立製作所やシャープから鴻海へ移動した技術者た

10　5%レベルで統計的に有意。
11　2014年6月4日、NHKクローズアップ現代「ものづくり潮流に異変」。

ちのインタビューコメントを見ると、「鴻海のゲストとして研究開発に加わるのではなく、本当のメンバーとして活躍していきたい」、「(鴻海で) 世界トップの日本の技術を育てることは、鴻海のためにもなるし、ひいては日本のためにもなる」、「アジアで生き残る技術者になりたい」と前向きな言葉が並ぶ。その一番の理由は、郭総裁が語る「日本の技術を取ることを目的に、日本の技術者を採用しているのではなく、日本の技術者と共に鴻海も成長していきたい」という理念があるのではないかと考えられる。日本の技術者を引く抜く際、「スター」技術者は日本企業に残し、そのすぐそばにいる「政治力」のある技術者を採用することこそ、日本の技術者が鴻海のため、日本のため、そしてアジアのために仕事がしたいと思わせる鴻海の巧みな人材戦略なのではないだろうか。

3. 華為技術

華為技術（Huawei）は、中華人民共和国（広東省深圳）に本社を置く通信機器メーカーである。創業は、1988年と比較的新しいが、急成長を遂げ、今では中国を代表する企業の1つである。華為技術は、社員の若さ、研究開発に注力する点に特徴があると言われ、後者に関しては、従業員の約45％にあたる7万6000人が研究開発に従事し、年間売上の10％以上を研究開発に投じるとされる[12]。特許出願件数も3442件（2014年）で世界第1位である。また、海外進出も積極的に行っており、ヨーロッパ、北米、中南米、中東・北アフリカ、南アフリカ、アジアなど8か所にグローバル本部を設置するなど、先進国・途上国に数多く進出している[13]。華為の日本進出は、2005年に日本法人が設立されたことに始まり、2010年には日本研究所が設立され、2013年に日本研究所の横浜移転を契機にさらに研究開発体制が整えられた。現在「日本研究所」には、100人近くの研究者が在籍しているとされる[14]。

---

12 2015年4月17日、日本経済新聞「ファーウェイ 知られざる日本研究所に迫る」、KDDI総研「中国の総合通信機器メーカー華為技術（Huawei）について」2006年10月。
13 KDDI総研「中国の総合通信機器メーカー華為技術（Huawei）について」2006年10月。
14 2015年4月17日、日本経済新聞「ファーウェイ 知られざる日本研究所に迫る」、2015年5月21日、日本経済新聞「華為、日本で部品調達拡大 15年3割増見通し」。

表2-3 華為の外部人材戦略

経歴				技術者ネットワーク上での地位			
キャリア年数	過去の実績	複雑技術の応用力	幅広い技術分野経験	スター性	政治力	仲介力	社交性
若さを非常に重視	やや重視	やや影響	非常に重視	控えめタイプを非常に重視	低い傾向	低い傾向	高い傾向

　中国企業の特徴としては、各部門に外部の会社から引き抜いてきた優秀な管理者を1人置き、その下に多くの研究員が配置されるという体制が採られることが多いと指摘される[15]。中国では、1980年代以降外国の技術や資金を積極的に受け入れるようになったこともあり[16]、外国人の採用に積極的である。特に、中国の製造企業では、人材確保、特に技術者の人材確保が近年大きな課題となっていると指摘される[17]。また、中国企業の特徴として、結果を出せる人材を求める傾向が強く、大手企業での勤務経験が豊富な技術者を欲しがっていると言われている[18]。

　表2-3に、華為技術の日本企業人材採用の際の決定要因に関する分析の結果を示した。華為技術の採用決定要因において、非常に重視している要素が、①若い技術者であること、②幅広い技術分野経験を有すること、③「スター性」のある技術者ではないことである。最も着目すべきは、華為技術では①若い技術者を積極的に選んでいるという点ではないだろうか。この点は、前述までのサムスン電子や鴻海精密工業の人材採用の決定要因分析結果とは大きく異なる点である。この点、確かに、華為技術も、本来はベテラン技術者を採用したかったが、ベテラン技術者をスカウトすることができず、若い技術者を選んでいるという可能性も否定できないが、様々な資料や記事等を見る限り、積極的に若い技術者を選んでいるように推測される。なぜなら、前章でも述べた通り、中国企業は「年齢が高い技術者は技術が古い」と考える傾向にあることや華為技術ではスマートフォンに力を入れており、若い技術者のアイディアに期待しているものと思われるからである。

15　遠藤、2004。
16　馬、2002。
17　竇、2009。
18　呉、2013。

また、華為技術では、複雑技術の応用力よりも過去の実績の高さを重視する傾向が見られるという点も興味深い。サムスン電子や鴻海精密工業が過去の実績よりも複雑技術の応用力を重視していたこととは対照的である。サムスン電子や鴻海精密工業は、既に自社で研究開発を進めてきた実績があることから応用力が求められるのに対して、華為技術では社内での技術の蓄積が少ないことから、高い技術力を社内に移築できる人材を求めている可能性が考えられる。

　さらに、サムスンや鴻海と異なり、「政治力」のある技術者を選ばず、また「スター性」が低く、「社交性」の高い技術者を積極的に選んでいる点も非常に興味深い。ここには、華為の企業風土が関係している可能性がある。国内人材バンクが運営する元社員の情報交換サイトでは、華為技術は、中国人の比率が高く、中国風の文化が色濃く残っていることや中国人と日本人のみぞが深く、なかなか意見がまとまらないことなどが指摘されている。また、上下関係に厳しく、上司からの命令には絶対服従の風土であると指摘されている。このような指摘が事実だとすれば、スター技術者や政治力の強い技術者よりも社交性の高い技術者の方が馴染みやすいと言えるのではないかと考えられる。

4. LG エレクトロニクス

　LG エレクトロニクスは、テレビ、家電、携帯電話、PC 周辺機器等を中心とした総合家電、情報通信メーカーである。LG グループの中核をなし、サムスン電子に次ぐ韓国の大企業である。図 2-1 は LG エレクトロニクスの売上高推移を示したものである。一見すると順調に売上を伸ばしてきたようにも見えるが、実際には 2000 年代中盤までプラダフォンやチョコレートフォンといった携帯電話で急速にシェアを拡大したものの、スマートフォン事業に出遅れた影響で、2009 年頃から急激に業績を落とした。これを機に、それまでサムスン電子の後を追って商品を展開する「二番手戦略」を採ってきたが、一転してサムスンと徹底的に競争し、トップシェアを取る戦略へと転換した。それまで「人和の LG」と呼ばれていた企業文化を「がむしゃらの LG」へと変え、「世界初の技術」、「世界初の商品」の開発にこだわって積極的に事業を進めてきた。2010 年からスマートフォン事業に本

出所:LGエレクトロニクス財務諸表より筆者作成

図2-1　LGエレクトロニクスの売上高推移

格参入し、ここ3年ほどでスマートフォン事業を軌道に乗せた。このようにこの5年間で大幅に業績を回復させたLGエレクトロニクスであるが、スマートフォン分野では中国企業の追い上げがすさまじく、今後も好業績を維持できるとは限らない状況に置かれている。特に、LGエレクトロニクスは、基礎的な技術が不足しているとの指摘も少なくなく、基礎的な技術力の底上げが長年の課題と言われている。このような背景もあり、日本の大手企業の技術者については年収数千万円超の報酬でスカウトをしているとの報道もある。

表2-4に、LGエレクトロニクスの日本企業人材採用の際の決定要因に関する分析の結果を示した。LGが採用の際に重視しているのは、①過去の実績と②日本企業の技術者ネットワークにおいて「政治力」

表2-4　LGの外部人材戦略

経歴				技術者ネットワーク上での地位			
キャリア年数	過去の実績	複雑技術の応用力	幅広い技術分野経験	スター性	政治力	仲介力	社交性
やや影響	非常に重視	高い傾向	高い傾向	高い傾向	非常に重視	高い傾向	高い傾向

第2章　選ばれる人材の条件　63

あるポジションにあることである。また、③キャリア年数が比較的長い研究者を選ぶ傾向にあると言える。これらの採用決定要因は、サムスン電子と非常に似ている。LGエレクトロニクスが実際にサムスンを強く意識して採用活動を行っているのかについては定かではない。しかし、二番手戦略を脱し、世界最先端の技術開発を目指すという戦略にシフトしたことを勘案すれば、基礎的技術を強化するため、過去の実績の高い日本企業内技術者を採用する戦略は的を射ているように思われる。

また、サムスン電子では過去の実績よりも複雑技術の応用力を重視していたのに対して、LGエレクトロニクスでは過去の実績をより重視しているようである。この点、基礎的技術の蓄積があるサムスン電子では、その技術の応用ができる外部人材を採用し、基礎的技術の蓄積をさらに進めたいLGは自社内で基礎的技術を構築できる人材をより重視したのではないかと解釈できる。

5. 現代（ヒュンダイ）

現代（ヒュンダイ）は、鄭周永（チョン・ジュヨン）によって創設された韓国の旧財閥グループであり、韓国経済危機の際に財閥は解体され、現在は現代峨山、現代商船を中心としたグループ、現代‐起亜自動車グループ、現代重工業グループ、現代百貨店の4つの集団に分裂している。特に、現代自動車は、韓国最大手の自動車メーカーであり、2014年の時点でトヨタ、GM、フォルクスワーゲン、ルノー日産に次ぐ世界第5位のメーカーである。現代自動車は、2011年時点では電気自動車には参入せず、プラグインハイブリッドと水素燃料電池車に専念すると宣言していた。バッテリー技術には限界があること、インフラ構築にはまだ課題が多いことなどから、電気自動車が内燃機関車にとって代わるのは難しいとの判断であった。しかし、2014年に方向転換を表明し、2016年頃にはブランド発の電気自動車を販売し、2018年には量産用の電気自動車モデルを開発すると発表した。

日本企業から現代に移動した技術者について分析を行った結果、電気自動車への本格参入が影響しているのか定かではないが、バッテリー関連の技術者や自動車メーカー出身者が現代へ移動するケースも

表2-5 現代の外部人材戦略

経歴				技術者ネットワーク上での地位			
キャリア年数	過去の実績	複雑技術の応用力	幅広い技術分野経験	スター性	政治力	仲介力	社交性
低い傾向	高い傾向	低い	高い傾向	低い傾向	やや影響	低い傾向	低い傾向

散見される。

　表2-5に、現代の日本企業人材採用の際の決定要因に関する分析の結果を示した。現代の採用決定要因の特徴として、強く重視する要素が明確には見いだせなかったという点が挙げられる。概して、複雑技術の応用力が低く、社内でのネットワークも乏しい人材を選択する傾向にあることが分かる。一方で、社内の技術者ネットワークにおいて「政治力」ある地位の技術者が選ばれやすい傾向が見られ、現代に移動する技術者も社内で情報をコントロールしやすい地位にあったことを示唆している。

　同じ韓国企業でも、サムスン電子やLGエレクトロニクスへ移動した日本企業内技術者は、社内の他の人材と比較しても、過去の実績や複雑技術の応用力、キャリア年数等が高い傾向にあったが、現代へは日本企業内ではキャリア年数や複雑技術の応用力においてやや劣位にある技術者が移動しており、優秀な人材は移動していないことが明らかになった。すなわち自動車関連技術に関しては、電機関連とは異なり、優秀な人材からではなく、優秀ではない人材から移動する傾向にあると言える。その原因は、データ分析だけでは明らかにすることはできないが可能性として考えられるのは、日本の自動車産業は、技術者にとって魅力を失うことがなかったということが考えられる。日本の自動車産業も、電機産業と同様に、リーマンショック後の不況（2009年）や円高（2010年）、東日本大震災（2011年）等の影響で大きく生産台数が減少したものの、エコカー補助金や減税及びエコポイント制度などの景気刺激策が奏効したこともあり、2012年頃には回復軌道に乗せることができた。この間、正社員の採用を控えたり、非正規社員のリストラを行ったりする等の人材削減を断行したほか、技術者の大幅なリストラも行われたが、電機産業ほどには見通しの暗い

時期が長く続かなかったため、自動車メーカーでは「優秀な人材から辞めていく」という現象が少なかった可能性が考えられる。また、このように自動車産業は落ち込みが少なく、韓国企業等から追い上げられることがなかったことも、日本の自動車産業が優秀な人材を惹きつけ続けることができた要因ではないかと考えられる。もしくは、もっと属人的な理由で、自動車関連技術の技術者人材は愛社精神が強く、あまり外国企業に移動しようとしないのかもしれない。

自動車メーカーを辞めた人材がどのような人材だったのかという点についてはヒアリング調査等別途検証が必要であるが、自動車関連技術に関しては、優秀な技術者の流出が比較的少ないという点では、非常に興味深い。

第3節　アジアへ渡った技術者像

第2節では、急成長を遂げたアジア企業の採用決定要因分析を行ってきた。それでは、実際にはどのような技術者が日本から各社へ移動しているのであろうか。ここでは、特許データ分析（1976～2015年の特許データ）から明らかになった移動技術者の基礎データについて記述したい。

1. 年齢層

図2-2に示したのは、日本企業からアジア企業へ転職した技術者の移動時点での推定年齢である。特許データ上から確認することができた日本企業からサムスンへの移動者は、414人である。サムスンへ移動した技術者は、平均ではアメリカ特許初出願から約6.53年経過後に移動していることが明らかになった。すなわち、日本企業である程度経験を積み、実績のある技術者が移動する傾向にあると言える。移動技術者の初出願年から現在までの経過年を用いて、移動技術者の年齢を推定した結果、移動技術者は40代が多く、全体の平均年齢は44.56歳である[19]。なお、本研究では、アメリカ特許を用いた分析を

19　転職者の移動時点での年齢は、日本企業では約20％の人が25歳までに初出願を行っており、

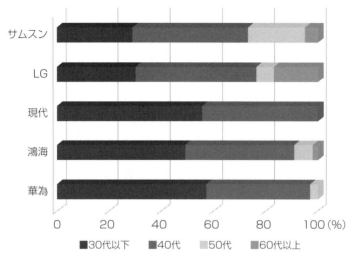

図 2-2 移動技術者の推定年齢（移動時）

行っているため、技術顧問として採用されるなど、特許上に名前が現れない技術者は対象外となっている点に注意を要する。

次に、日本企業から鴻海精密工業へと転職した技術者 45 人について見ると、平均するとアメリカ特許初出願後、約 3.29 年経過後に移動していることが明らかになった。サムスンに移動した技術者の平均キャリア年数が約 6.53 年であることと比較して、キャリアが短めの技術者が鴻海に移動する傾向にあると言える。また、移動技術者の推定年齢を見ると、30 代、40 代が中心であり、平均年齢は、40.4 歳である。

次に、日本企業から華為技術へと転職した技術者 91 人について見ると、転職者の移動時点での平均キャリア年数はアメリカ初出願から約 3.44 年である。サムスンへの移動者が平均 6.53 年であったことに比べればキャリア年数が短いと言えるが、鴻海への移動者は約 3.29 年であり、鴻海、華為は初出願からの経過年数が比較的短い人が移動する傾向にあると言うことができる。移動者の推定年齢は、30 代、40 代が中心で、移動技術者の平均推定年齢は 39.0 歳である。

また 75％以上の人が 30 歳までに初出願をするとのデータに基づき（Walsh & Nagaoka, 2009）、初出願年時を 28 歳と仮定し、移動時の年齢を算出している。

さらに、日本企業からLG[20]へと転職した技術者は60人確認することができた。転職者の移動時点での平均キャリア年数は6.08年であり、サムスンと同様にベテラン技術者の移動が多い点に特徴があると言える。移動技術者の最も多い推定年齢層は40代の人材である。平均では、45.45歳となり、移動技術者の年齢は若干高めの傾向にある。
　最後に、現代へ移動した技術者について見ると、アメリカ初出願から5年未満の技術者が大半を占め、平均2.28年の若手技術者がほとんどであることが明らかになった。また、移動技術者の推定年齢層は30代が多く、平均年齢は37.94歳と推定される。
　以上のように、サムスンやLGに移動した技術者は比較的ベテラン技術者が多く、鴻海や華為へは若い技術者が移動する傾向にあることが明らかになった。

2. 出身企業規模

　次に、移動者の出身企業規模について図2-3に示した。サムスンに移動した技術者は、電機大手8社出身者の割合が非常に高く、電機大

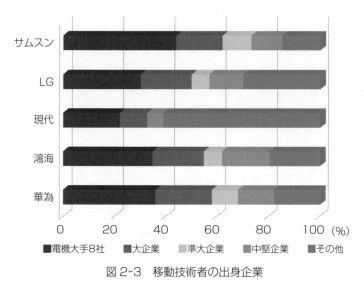

図2-3　移動技術者の出身企業

20　LGエレクトロニクスのほか、LGディスプレイ、LG化学を含む。

手8社及び大企業出身者が過半を占めることが分かる。また、鴻海に移動した技術者の出身企業は、電機大手8社及び大企業出身者が半数を占めている。鴻海に移動した技術者は、零細企業出身者や公的研究機関等出身者も少なくない点に特徴がある。電池関連技術など特定の技術分野に特化した中小企業の技術者が多く含まれるためである。次に、華為への移動者の出身企業について見ると、電機大手8社出身者と大企業出身者が多いという点で、サムスンや鴻海と共通している。LGへの移動技術者の出身企業規模を見ると、サムスンや鴻海等と比べ、電機大手8社や大企業出身者の割合が少ないことが分かる。最後に、現代への移動技術者の出身企業について見る。現代への移動者については、日本の三大自動車メーカー（トヨタ、日産、ホンダ）出身の技術者を「大企業」ではなく、「電機大手8社＋自動車大手3社」に分類することとした。移動者の出身企業は、他の4社と異なり、電機大手8社＋自動車大手3社や大企業出身者が少ないことが分かる。特に、零細企業出身者や公的研究機関出身者の割合が高い点に特徴がある。

3. 過去の実績

以上で見てきた通り、日本企業の中でも、大企業を中心に多くの技術者がアジア新興企業へと移動していることが明らかになった。次に問題となるのが、日本企業からアジア企業へと優秀な技術者が流出してしまっているのか、それとも流出した技術者は国内ではそれほど優秀ではなかったのかという点である。近年、技術者流出に伴う技術流出が大きな問題として注目されているが、流出した技術者が優秀であればあるほど、その影響は大きいものと思われるからである。ここでは、前章と同様に、日本の電機分野に属する全技術者の業績を特許生産性、複雑技術の応用力、優秀度という3つの指標で数値化した。特許生産性とは各技術者が1年間に関与した特許の平均出願件数をいう。特許生産性は特許産出の効率性を示し、技術者の即戦力に関する指標となり得る。複雑技術の応用力とは1特許あたりの平均引用回数を示しており、複雑技術の組み合わせ経験の度合いを示す指標となり得る。また、優秀度とは1特許あたりの平均被引用回数を示しており、後の

技術開発に与えた影響の度合いに関する指標となり得る。重要技術の特許への関与経験の度合いによって優秀度を測ることとした。全技術者に関して3つの指標につき数値化した上で、移動技術者が技術者全体でどのレベルに位置するのかを、四分位に分類した。

図2-4は、移動技術者の移動前企業での特許生産性を全国の電機系技術者の四分位で分類したものである。特許生産性は、1年間あたりの特許生産数を示すものであり、分析の結果、サムスンに移動する技術者は、そのほとんどが国内トップクラスの年間特許生産数であることが明らかになった。移動技術者の81.9%が日本国内上位25%の実績者であり、下位の実績者は2.7%しか採用されていない。サムスンに入社できるのは韓国国内でもスーパーエリートとされ、入社の難しさは有名であるが、日本企業から技術者を採用する際にもやはりトップクラスの人材のみを選んで採用する傾向にあるものと思われる。一方で、他の4企業へ移動した技術者のレベルは分散している。

次に、移動技術者の複雑技術の応用力を全国の技術者のレベルと比較したものを図2-5に示した。複雑技術の応用力に関しては、移動技術者のレベルは分散しており、取り立てて高いレベルの人材だけが移

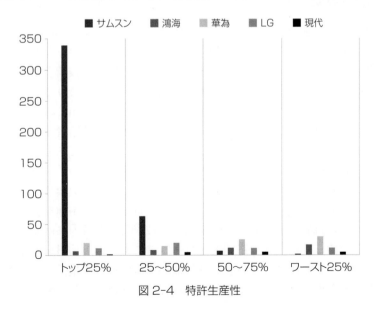

図2-4　特許生産性

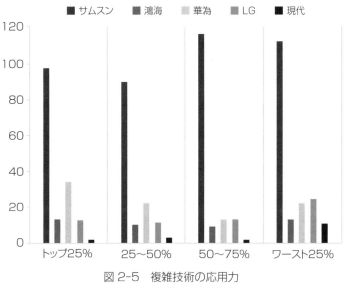

図 2-5　複雑技術の応用力

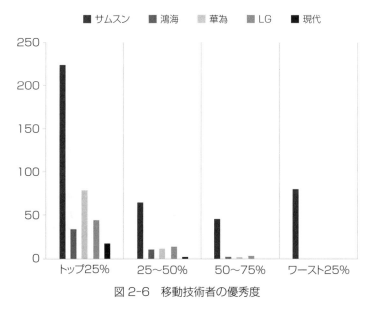

図 2-6　移動技術者の優秀度

動しているというわけではないことが明らかになった。

　最後に、各技術者が関与した特許の重要度に基づき、優秀度を測ったものを図2-6に示した。すなわち、過去にどの程度重要な特許に関わったかを基に、各人の優秀度を数値化して示している。図からも明らかな通り、移動技術者のほとんどが、過去に重要な開発に関わった可能性があり、国内トップクラスの優秀度であることが明らかになった。サムスンは、移動技術者数が多いこともあり、下位の技術者も移動しているケースが見受けられるが、他の4社に移動した技術者は、ほとんどが国内トップクラスの優秀度であり、重要な特許に関与した経験がある技術者が多く移動していることがうかがえる。

第4節　分析手法及び結果

1.　データ

　本節では、東アジアにおいてフォロワーの立場から技術的なキャッチアップに成功した成功企業が日本企業からどのような技術者人材を獲得しているのかについて、特許データを用いた実証分析の手法及び結果について詳述する。東アジアの成功企業を選ぶ際の選定基準として、①1990年代までは日本企業よりも売上高が低い企業であること、②2000年代以降急成長を遂げ、日本企業に追いついたこと、③電機分野のアメリカ特許を1990年代から出願していたこと、④日本企業から多くの技術者が移動していることという4つの基準を設定した。選定の結果、韓国企業（サムスン、LG、現代）、台湾企業（鴻海）、中国企業（華為）の5社を取り上げることとした。まず、①及び②については、当該5社は製造業分野でフォロワーの立場からのキャッチアップを果たし、先行していた日本企業を凌駕するまでに成長した企業と言える。③については、これらの企業は、この10年程度の間に、グローバルマーケットにおいて世界のトップ企業として認知されるに至った。その背景には、売上を伸ばしただけではなく、多くの先端的な技術に関するアメリカ特許を出願することにより、アップル等の競合他社を脅かす存在になったことが大きいものと思われる。このよう

に、当該5社は、グローバルマーケットを意識して先端的な技術開発を行い、積極的にアメリカ特許を出願している。さらに、④については、当該5社は、製造業分野で先行している日本企業から多くの人材を獲得している企業である。以上のことから、この5つの東アジア企業を分析対象とする。

ここでは、1976年1月から2013年8月までの特許データを用い[21]、日本企業からサムスン、LG、現代、鴻海、華為の5社へと移動した発明者を同定した。すべての企業について、日本に設置された研究所等で研究する者も移動の対象としている。サムスンは、Samsung Electronics Co., Ltd. のほか、Samsung Display Co., Ltd. 及び Samsung SDI Co., Ltd. への移動者を対象とした。鴻海精密工業（Hon Hai Precision Industry Co. Ltd.）は、鴻海の通称である"Foxconn Inc."及び中国の子会社である"Hongfujin Prec."名義での出願も分析対象としている。LGは、LG Electronics Inc. のほか、LG Display Co., Ltd.、LG Chem を分析対象に含めた。本研究において、移動者を特定したところ、日本企業からの移動者はサムスンへ388人、LGへ58人、現代へ19人、鴻海精密工業へ45人、華為技術へ87人の移動を確認することができた[22]。

このように、東アジアの成功企業では、日本企業出身者を多く採用しているわけだが、どのようなタイプの人材を好んで採用しているのかという人材採用の決定要因を分析するのが、本章での最終的な目的である。そこで、日本企業から中国・韓国・台湾企業へ移動した発明者と、同じ企業に所属しながら移動しなかった発明者を比較し、成功企業から選ばれる発明者と選ばれない発明者との間にはどのような違いがあるのか、すなわち成功企業はどのような日本企業技術者を好むのかを分析する。なお、ここでの統計分析においては、前述の通り、1976年1月から2013年8月までの特許データを用いているが、2013年までのデータに限定した理由は、後続の特許からどの程度参照されたかを示す被引用回数は、直近の出願ほど少なくなるため、直近のデータを含めることによって分析結果が正確に反映されない恐れがあ

---

21 Wisdomain 社の特許データベースを利用。
22 発明者や企業名の名寄せ、IPC番号によるチェック等により移動者の特定を行った。

るからである。以降の統計分析においても同様に、2013年までのデータを用いている。

まず、上記の移動者が日本で所属していた企業をそれぞれ特定したところ、5社合計で189社に上る。この189社に所属するすべての発明者（計10万5535人）について、その特性を数値化して表した。その評価指標は、日本企業での実績に関するキャリア年数、優秀度、複雑技術の応用力、専門性の4項目、及び社内ネットワークに関するスター性、政治力、仲介力、社交性の4項目である。前半4項目は、特許データに基づき算出した移動技術者の過去の実績に関するものである。後半4項目は、ネットワーク理論を用いて社内の技術者ネットワークを計測したものである。以下、順に説明する。

1-1. 過去の実績
(1) キャリア年数

前章と同様に、すべての発明者について、キャリア年数を算出した。前述の通り、キャリア年数はその発明者にとっての初出願年からの経過年を用いてキャリア年数とした。

(2) 優秀度

各発明者の優秀さを数値化するため、当該発明者が日本企業において関わったすべての特許についてその被引用回数の合計値を算出した。被引用回数は、特許の質と強く相関するとされており[23]、被引用回数の多い特許に多く関与した発明者は、それだけ優秀な発明者であると言うことができるからである。

(3) 複雑技術の応用力

各発明者の複雑技術の応用力を測るため、当該発明者がそれまでに関わったすべての特許の引用回数の合計値を算出した。引用件数は、特許の独創性や質を測る際に効果的であるとされる[24]。すなわち、引用件数が多ければ、多くの技術を組み合わせた複雑な特許と言え、引用件数が少なければ独創性の高い特許と言うことができる。そこで、各人の関わった特許の引用件数合計を、複雑技術の応用力の代理指標

---

[23] Carpenter et al., 1981 ; Harhoff et al., 1999.
[24] Harhoff et al., 1999 ; Goto & Motohashi, 2007.

表 2-6 技術者の特性

指標	データ	内容
キャリア年数	初出願からの経過年	各発明者にとっての初出願年からの経過年を用い、キャリア年数を算出する
優秀度	関与特許の被引用回数	特許の質は特許の被引用回数と関係すると言われており、被引用回数の多いほど重要特許とされる
複雑技術の応用力	関与特許の引用件数	引用回数は、技術の複雑さと関連するとされ、引用件数の多い特許ほど多くの技術が組み合わされていると考えることができる
専門性	関与特許の技術分野のHHI	多様な技術分野の経験を有するのか、少数の技術分野に特化してきた専門性を有するのかを、ハーフィンダール指数を用いて算出する

とした。

(4) 専門性

各発明者が特定技術に特化した経験を有するのか、幅広い技術の経験を有するのかを測るため、それまでに関わったすべての特許のIPC番号を抽出し、そのハーフィンダール（HHI）指数を用いることで、IPC番号の集中度を測った。HHI指数が低い発明者は、幅広い技術分野の経験を有すると言え、HHI指数が高い発明者は特定の技術分野に特化した発明者と言うことができる（表2-6参照）。

1-2. 技術者ネットワーク

本研究では、ネットワーク分析を利用して、ネットワーク内のどのポジションに位置する人が成功企業から必要とされるのかを分析することとした。ネットワーク分析とは、人と人とのつながりについて、どの程度強く、近く、密に繋がっているのかを可視化して分析する手法である。学習や研究において、書籍や論文等から学ぶことも少なくないが、やはり直接誰かに指導してもらうことや友人・同僚との会話の中からヒントを得ることは多く、人とのつながりは重要な意味を持

つ。また、学生だけのグループディスカッションに教員が1人加わることで一気に議論がまとまるという事例や社内で情報通の人物と近い人物が出世するというような事例に示されるように、どのような人物とつながるのかということも、人の行動に大きな影響を与え得る。同様に、企業の研究開発においても技術者同士のつながりは重要である。なぜならば、最先端の研究開発活動を行うためには、単なる技術や知識だけではなく、人との会話がもたらす新しい着眼点や着想、人脈を通して得られる開発のヒント・コツなどが非常に重要になるものと考えられるからである。

　この点、技術者がどのような技術経験を有しているのか、どの程度技術知識を有しているのかといった技術力については、それまでに関わった特許データを分析することである程度推し量ることができる。しかし、どの人が情報やアイディアを豊富に有するのか、人脈が広い人材とは誰なのかということを特定することは難しく、筆者の知る限りこれまでそのような特定を試みた研究はなされてこなかった。

　本研究の大きな特徴の1つとして、目に見えない人脈や情報収集力を可視化し、各技術者の能力の1つとして点数化したことが挙げられる。社内でどの程度多くの人とつながっているか、また重要人物とどの程度強くつながっているのかについて、技術者ごとに細かく分析した。人とのつながりは、同時に情報収集力の指標にもなり得る。企業の技術者にとって、先端的な情報や新しいアイディアに接する機会の多くが人とのつながりとも深く関わるからである。すなわち、技術者は、企業内外の研究会や専門誌で情報収集をすることもあれば、社内での雑談の中から新しいアイディアを得ることもあると思われるが、その多くが人とのつながりを端緒としている。人を介して得られるアイディアやコツ、ヒント等は製品化や特許化される前の未だ形になっていないもので、いわば"技術の芽"のようなものと解することができる。最先端の研究開発を行う技術者にとって、過去の経験や知識と共に、"技術の芽"をどの程度持つことができるかが重要になる。その際には、社内の技術者同士のつながりが、社内外で収集した情報共有の観点からも重要になる。可視化できる技術については特許化すれば紙に化体することになるが、コツやノウハウ、情報など目に見えない

ものは技術者に体化するものであり、多くの技術者とつながりを有することで、より多くのコツやノウハウ、情報に触れることが可能と考えられるからである。

そこで、本研究では、各技術者が人脈やコツ、ノウハウ、情報をどの程度保有し得るのかについて、ネットワーク指標を用いて特定することを試みた。すなわち、多くの発明者とつながっている技術者ほど、様々な情報やアイディアを交換する機会を持つと考え、技術者ごとにネットワーク中心性を求め、それを情報集積力の代理指標とした。

技術者ネットワークを測るに際し、日本の技術者全体のネットワークを対象とする方法と、各社ごとの技術者ネットワークを対象とする方法があり得る。この点、本研究は、各技術者がどのような人的ネットワークを有し、その人間関係の中でどのようなポジションにあるのかを分析対象とするものである。そのため、人間関係内でのポジションがより正確に反映されるよう、企業ごとに中心性指標を求め、企業規模でコントロールするという手法を採用した。具体的には、移動技術者が所属していたすべての日本企業について、特許の発明者欄の共発明関係を用いて、技術者ネットワーク指標を1社ずつ求め、各企業に所属するすべての発明者（10万5535人）について4つの中心性指標（次数中心性、近接中心性、媒介中心性、固有ベクトル中心性）を算出した[25]。4つの中心性指標は、各技術者のスター性、政治力、仲介力、社交性を表す代理指標とした。ネットワーク分析の理論的説明については、次項で詳述する。

(1) スター性

技術者ネットワークにおける各中心性指標の持つ意味については、以下のように考える。まず、技術者ネットワークにおいて次数中心性の高い技術者とは、会社内の多くの技術者と一緒に研究した経験を有することを意味しており、他の多くの技術者とつながりを持っている技術者と言える。すなわち、技術者ネットワークにおいて、次数中心性が高い人物というのは、ネットワーク内での人脈が広く、多くの情報や知識を収集し、発信することのできる人物と言うことができる。

---

[25] NodeXLにて算出。

そこで、次数中心性の高い技術者を「スター性」の高い技術者と定義した。

(2) 政治力

次に、技術者ネットワークにおいて、固有ベクトル中心性の高い技術者とは、多くの技術者と共発明経験を有する「スター性」の高い技術者と強く結びついている技術者を指す。一般に固有ベクトル中心性の高い人は、「陰の実力者」、「灰色の枢機」、「スターの側近」と呼ばれており、技術者ネットワークにおける固有ベクトル中心性の高い技術者も、スター技術者のすぐそばにおり、スター技術者に集まる情報を応用することができる「陰の実力者」と言える。この点、ニューマンも、科学者にとって、他の科学者とのつながりが非常に多いハブ、つまり自分の研究分野の中で最も生産性の高い科学者を通して他の科学者と間接的に結びついていることが重要であるとの研究を発表している[26]。なぜならば、ネットワークの中心には、より多様なアイディアや多くの情報が素早く集積するため、ハブの役割をしている科学者とつながりを持つことによって、科学者がアイディアや知識のベースを大きく拡大するのに役立ち、新たな科学的知識の創造可能性を高めることが可能になるからである[27]。すなわち、技術者ネットワークにおいて固有ベクトル中心性が高い人物とは、スター技術者に集まってきた技術情報や知識を巧みに利用し、研究開発を進めていくことのできる人材と言うことができる。そこで、固有ベクトル中心性指標の高い発明者を、「政治力」の高い技術者と定義した。

(3) 仲介力

媒介中心性は、他のノードとの情報のやり取りを行う上で重要な役割を示す指標である。技術者ネットワークにおいて高い媒介中心性を有する発明者は、他の技術者同士が情報を共有する上でその仲介を果たす位置にあると言うことができる。したがって、媒介中心性指標が高い技術者は、人と人をつなぐ仲介役として機能しており、「仲介力」の高い技術者と定義した。

(4) 社交性

26　Newman, 2004.
27　Crane, 1972.

表2-7 技術者ネットワークとその性質

指標	ネットワーク指標	内容
スター性	次数中心性	社内の多くの研究者との共同経験を有する研究者
政治力	固有ベクトル中心性	常にスター研究者のそばにいる研究者
仲介力	媒介中心性	社内の他の研究者間の情報等のやり取りを仲介する役割を担う研究者
社交性	近接中心性	社内の多くの研究者とのつながりを有し、すべての研究者との距離が総じて近い研究者

　近接中心性とは、他のすべての頂点からの距離の近さを示しており、技術者ネットワークにおいて、高い近接中心性を持つ技術者とは、ネットワーク内のすべての技術者との距離が近いことを意味している。このような技術者は、必要な情報を身近な技術者から入手したり、入手した情報を他の技術者に伝達したりということを迅速に行うことができる地位にあると言える。したがって、近接中心性の高い技術者は、情報流通力・コミュニケーション力に長けており、「社交性」の高い技術者と定義した。

　以上の定義に基づき、日本企業に所属する10万5535人の企業内技術者について、特許の書誌情報から4つのネットワーク指標に関し、数値化して表した。このようにして企業内技術者の同僚内でのネットワークポジションを数値化することを通じて、どの技術者が他の技術者と多くつながりを持っているのか、どの技術者に情報が集まりやすいのか、どの技術者が高い仲介力を有するのかを把握することが可能になる（表2-7参照）。

2. ネットワーク分析

　ネットワーク分析とは、人と人とのつながりや企業間のつながり、インターネットや脳の構造など、ノード（点）とノード（点）の間のつながり具合をネットワークとして可視化したものである。ネットワーク分析により、人のつながり、組織、市場、世界システムなどの関係を分析することができるため、近年、数学、社会学、生物学、経

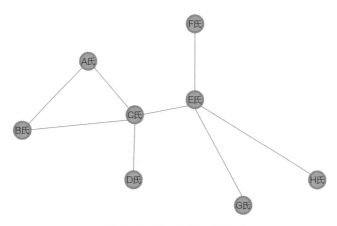

図2-7　ネットワーク図

済学、工学、化学など様々な分野で分析ツールとして使われている。その特徴としては、複雑なネットワークを可視化することができるという点と数学のグラフ理論によりネットワーク指標として数値化できる点にある。

　例えば、個人間のつながりを調べることで人間関係や態度、情報の伝達などを明らかにすることができる。また企業間のつながりを調べることで物流や資金の流れ、競争関係等を調べることができる。さらに、脳の構造をネットワークとして調べ、統計量等を調べることで、人間の学習や思考のメカニズム等新たな脳の構造の解析を試みたり、伝染病の感染ルートを調べたりするなど、様々な分野で注目されている。このようにネットワーク指標は、複雑なネットワーク構造を可視化し、各ノードの性質やつながり（紐帯）を分析するための有効なツールと言える。

　図2-7は、ある企業の簡単な社内の人間関係を図示したものである。社内のメンバー（A～H氏）をお互いに面識があれば線でつなぎ、なければ線をつながないというルールで図に表している。A氏、B氏、C氏は互いに面識があり、F氏、G氏、H氏は互いに面識はないが、E氏を介してつながっていることが分かる。例えば、D氏がメンバー全員に伝達事項を伝えたいと思えば、C氏に連絡をすれば、2～3ステップですべての人に情報が行き渡ることになる。仮に、D氏がこの

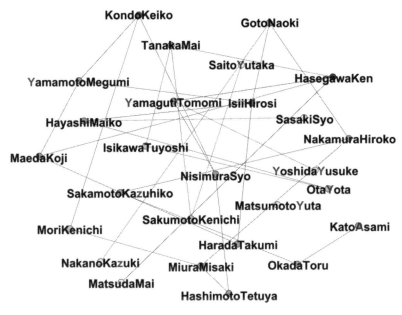

図2-8　技術者ネットワーク（サンプル）

会社の社長で、C氏が社長秘書だとしたら、社内ではD氏の方が権力を持っているかもしれないが、情報ネットワーク上は、C氏の方が重要な地位にあると言うことができる。なぜなら、D氏は一本の線でしかつながっていないが、C氏は4本の線でつながっているからである[28]。したがって、この会社の情報を聞き出したければ、D氏（社長）に聞くよりもC氏（社長秘書）に聞く方がより多くの情報を得られる可能性がある。ネットワーク分析ではこのように組織図では見えづらい社内の人間関係を分析する際にも有効なツールである。

　上記では、簡単な社内ネットワークを用いて説明したが、実際のネットワーク分析では数学のグラフ理論を用いた複雑な計算式から成り立っている。すなわち、人間関係や組織間関係のネットワーク分析は、グラフ理論を用いた相互関係の分析ということができる。技術経

28　各点から出ている辺の数を次数（degree）と呼ぶ。

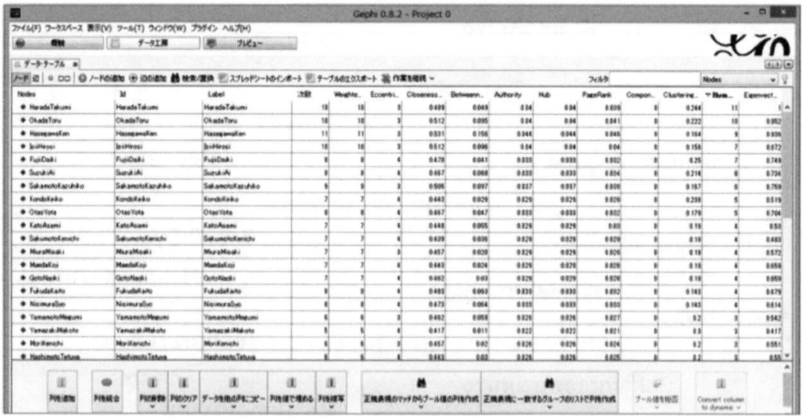

図 2-9 ネットワーク指標の算出（サンプル）

営学の分野では、公表論文の共著者関係や特許の共発明関係、共出願関係などを利用して、研究者ネットワークや技術者ネットワーク等の分析が試みられている。ネットワーク関係を分析することを通じて、技術者同士のつながりが密接なのか、疎遠なのか、情報が入手しやすい地位にいるのか否か等に関する情報を客観的データから分析することができるからである。

本研究では、特許の共発明関係を利用して、日本企業内の技術者ネットワークの分析を行った。図 2-8 は、技術者ネットワークのサンプルである[29]。本書ではプライバシーを考慮し、人物名はすべて架空のものとしている。特許の共発明関係を分析することによって、企業内技術者のネットワークや各発明者の技術者内でのつながりの強弱、情報の集積のしやすさなどを視覚化することができる。

さらに、ネットワーク分析では、グラフ理論を用い、各点のつながりの強度や距離、密度など様々な指標を算出することができる。図 2-9 は Gephi というネットワーク分析ツールを用いて、各点に関する指数を計算したサンプルを示したものである。同様の計算は、UCINET や NodeXL、R などでも算出することが可能である。これ

29　Gephi を利用して作成。

らの算出できる指標の中でも主要な特徴量の1つとされるのが、中心性（centrality）指標である。中心性とは、各点がそのネットワークにおいてどの程度中心的な位置にあるのかを数値化して示したものである。すなわち、中心性の高い技術者ほど、ネットワーク内において重要な存在であると考えることができる。中心性については、様々な計算手法により多くの指標が示されてきた。代表的な中心性指標としては、次数中心性（degree centrality）や固有ベクトル中心性（eigenvector centrality）、近接中心性（closeness centrality）、媒介中心性（betweenness centrality）、離心中心性（eccentricity centrality）、情報中心性（information centrality）などがある。

　本研究では、各発明者が発明者ネットワークの中でどのようなポジションにあるのか、情報が集積しやすい位置にあるのかについて、特許の共発明関係から中心性指標を算出した。技術者の研究開発パフォーマンスにも影響すると思われる情報集積性が反映されるよう、中心性指標の中でも代表的な次数中心性、媒介中心性、近接中心性、及び固有ベクトル中心性の4つの中心性指標とした[30]。以下では、それぞれの中心性について簡単に概観する。

(1) 次数中心性

　次数中心性は、各ノードが他のノードと直接つながっている数（リンク数）を示しており、各ノードの持つつながりの数を示している[31]。すなわち、次数中心性とは各ノードが他のノードとどの程度関わりを持っているのかを示す指標である。次数が大きい頂点ほど、中心性が高いと解釈される。言い換えれば、次数中心性の高い頂点は、ネットワーク内での情報集積レベルが高い点であると言うことができる。次数中心性は、以下の式で求められ、中心性指標の中で最もシンプルな指標である。

$$\text{ノード}_i\text{の次数中心性} = \frac{\text{ノード}_i\text{の次数}}{\text{ノードの数} - 1}$$

他者と直接つながる能力を示すものであり、情報収集力を測る指標

---

[30] Freeman, 1979 ; Bonacich, 1972.
[31] Freeman, 1979.

として一般に用いられる[32]。Tsvetovat et al.（2011）は、次数中心性が高い人物は、ネットワーク内で非常に重要なポジションにいる人であると指摘する[33]。また、Ibarra（1992）やLiu（2011）では、次数中心性の上昇は、ネットワーク内で影響力が上がったことを表していると述べている[34]。

(2) 固有ベクトル中心性

次数中心性が隣接する頂点を単純にカウントするのに対して、固有ベクトル中心性は、隣接する頂点が持つ中心性を加味して当該頂点の中心性を求めるために考えられた指標である。固有ベクトル中心性は、Phillip Bonacichによって提唱された概念であり、ノードの有する次数自体の大きさを測るのではなく、次数の大きいノードとつながっていることを測るものである[35]。換言すれば、固有ベクトル中心性は、ネットワーク内での影響力を測る指標と言うことができる。固有ベクトル中心性の高いノードとは、次数中心性ノードと結びついていることを示しており、次数中心性の高い頂点と強く連結することを示す中心性と言える。社会ネットワークにおいて固有ベクトル中心性が高い人物は、次数中心性が高い人物、すなわちネットワーク内の中心的役割の人物のすぐそばにいる人物を指すことから、「灰色の枢機」のような存在であると言われている[36]。また、固有ベクトル中心性の高い人物は、目立たないように重要な助言を行ったり、意思決定を行ったりする重要なアドバイザー的役割を果たすことから、「陰の実力者」とも呼ばれる[37]。多くの研究においても、固有ベクトル中心性は、重要な人物と最もよくつながり、重要ではない人物とはあまりつながっていないことを示しているので、他の中心性指標よりも重要性が高いと指摘される[38]。固有ベクトル中心性は、以下の式で表すことができる。

---

[32] Borgatti, 2005.
[33] Tsvetovatは、次数中心性の高い人とは、Twitter等のSNSで言うとフォロワー数の多い人を指し、有名芸能人（スター、セレブリティ）等がこれに該当すると説明している（Tsvetovat & Kouznetsov, 2011）。
[34] Ibarra, 1992；Liu, 2011.
[35] Bonacich, 1972.
[36] Tsvetovat & Kouznetsov, 2011.
[37] Tsvetovat & Kouznetsov, 2011.
[38] Bonacich, 2007；Wehrli, 2008.

表2-8 中心性指標

中心性指標	指標の性質	式	情報や資源の集積
次数中心性	多くのリンクを保有することを示す中心性	$C_d(v_i) = \dfrac{\deg(v_i)}{n-1}$	次数中心性が高い頂点は、情報や資源を獲得できる機会が多い
近接中心性	すべての頂点に到達するための距離の総和	$C_c(v_i) = \left(\dfrac{s(v_i)}{n-1}\right)^{-1} = \dfrac{n-1}{s(v_i)}$	近接中心性が高い頂点は、少ない仲介者を経て各頂点に到達するため、ネットワーク内の資源を素早く獲得することができる
媒介中心性	ネットワーク内の最短経路に位置し、その経由される頻度が高い中心性	$C_b(v_i) = \dfrac{2BC(v_i)}{n^2 - 3n + 2}$	媒介中心性が高い頂点は、組織内で流通する情報や資源の流れに関与する機会が多く、流通する情報や資源を管理する役割を果たす
固有ベクトル中心性	次数中心性の高い頂点と強く連結することを示す中心性	$C_i = \dfrac{\sum r_{ij} C_j}{\lambda}$	次数中心性の高い頂点と強く結びついており、隠れた有力者と言える

$$C_i = \dfrac{\sum r_{ij} C_j}{\lambda}$$

(3) 媒介中心性

媒介中心性とは、あるノードが他のノードを媒介する程度を示す指標である。すなわち、他のノードと直接つながっていない関係をつなぐ、媒介する機能を示す中心性指標であり、ネットワーク上のコミュニケーションにおいて重要な役割を果たすノードを示す指標である[39]。媒介中心性は、情報の流れを調節することができる立場にあり[40]、媒介中心性の高い頂点は、他の頂点同士の情報のやり取りを媒介する可能性が高いと考えられる。媒介中心性は、以下の式で求められる。

$$C_b(v_i) = \dfrac{2BC(v_i)}{n^2 - 3n + 2}$$

---

[39] Freeman, 1979.
[40] Kolaczyk, 2009.

(4) 近接中心性

近接中心性は、他のノードとの最短距離を示すものであり、すべての頂点に到達するための距離の総和に基づき、他の点と距離が近いほど中心性が高くなる指標である[41]。すなわち、近接性が高い頂点は、少ない仲介者を経て各頂点に到達することができるため、ネットワーク内の資源に素早くアクセスすることができる地位にあると言うことができる。近接中心性は以下の式で求めることができる。

$$C_c(v_i) = \left(\frac{s(v_i)}{n-1}\right)^{-1} = \frac{n-1}{s(v_i)}$$

3. モデル

本章では、東アジアの成功企業が、日本企業出身者を採用する際の人材採用決定要因について分析することを目的とする。具体的には、各企業が日本企業に所属する技術者の中で、採用した技術者と選ばなかった技術者との間で、どのような特徴の違いがあるのかについて、分析を行う。もちろん、日本企業に所属する技術者の中には、韓国企業や中国企業からスカウトされたが断った人、リストラを懸念して韓国企業や中国企業に応募してみたけれど落とされた人なども含まれるものと思われる。しかし、少なくとも日本企業から韓国企業や中国企業等に転職した人というのは、彼らの欲する技術者人材像に合致していたからこそ受け入れられたと考えることが可能である。そこで、同じ企業に所属しながら、東アジアの成功企業へ移動する技術者と移動しない技術者との相違を様々な指標から分析することを通じて、東アジア成功企業の外部人材採用の決定要因を分析し、成功企業が欲するR&D人材像を探っていきたい。

この分析を行うために、日本企業から東アジア企業へと移動した技術者と移動しなかった技術者の違いを2値のロジスティックモデル分析を行った。モデル式は以下の通りである。

---

[41] Freeman, 1979 ; Marsden, 2002.

$$P_i(i=1) = F(C + \sum \alpha_i x_i)$$
$$P_i = \exp(C + \sum \alpha_i x_i) / (1 + \exp(C + \sum \alpha_i x_i))$$

　モデル式の理解のため、ここでは一般的な回帰分析の場合について簡単に述べたい。例えば、経済主体に対するある数量（被説明変数）に影響を与える諸要因（説明変数）を分析する場合を考えてみる。最も単純なモデルは、以下のように考えられる。例えば、被説明変数Y（給与）が説明変数X（勤続年数）によって決まる場合、以下のような式で表すことができる。

$$Y = \beta_0 + \beta_1 X + \mu$$

　ここで、β_0は切片、μはXによって説明できない要素（誤差項）を示す。説明変数が複数ある場合にも同様に考えることができる。一例として、給与が、性別、年齢、最終学歴、勤続年数、雇用形態、役職等で決まる場合を考える[42]。この場合、被説明変数Yは、給与（金額）、説明変数Xには年齢、性別、雇用形態等が入り、以下のようなモデルで表される。

$$y = \beta_0 + \beta_1 x_1 + \beta_2 x_2 + \beta_3 x_3 + \cdots \beta_k x_k + \mu$$

　この際、被説明変数である給与は320万円、530万円、740万円というように数量で表すことができ、量的変数と呼ばれる。年齢や勤続年数も量的変数である。一方、性別や最終学歴、雇用形態など、一般に数や量で測れない変数は質的変数と呼ばれる。分析にあたっては、このような質的変数を適当な方法で数値化して、量的変数に変換する必要がある。これをダミー変数と言う。例えば、性別については、女性は0、男性は1とする性別ダミー変数を置く。また、最終学歴のように複数のパターンがある場合には高卒、大卒、院卒など複数のカテゴリーに分類してダミー変数を作ることもできる。このモデル式を計

---

[42] 変数とは、観測されたデータや測定されたデータなど数値が変化するものを言う。

算することによって、例えば「年齢が1歳上がるごとに、給与が β_i 円上がる」や「男性は女性よりも給与が高い」、「学歴が高くなるにつれて給与が高くなる」などといった被説明変数と説明変数の関係を明らかにすることができる。なお、説明変数の間に強い相関関係がある場合、それらを同時に説明変数として組み込むと、データのずれによって推定値が大きくぶれること（多重共線性）があるため、注意しながら分析を進めていくことが必要である。さらに、説明変数を用いて、被説明変数を説明する際に、被説明変数に及ぼす影響があるが直接の興味がない変数については、制御変数としてコントロールすることが行われる。例えば、給与は企業規模による影響を受ける可能性があるが、分析では従業員の基本属性にしか興味がない場合には、企業規模を制御変数として考慮することになる。

本研究での被説明変数は、移動した場合が1、移動しなかった場合が0をとる2値の変数である。すなわち、P_i は各日本企業所属の発明者が中国・韓国・台湾企業へ移動すれば1、移動＊しなければ0となる。説明変数には個々の技術者の特徴を数値化して示す指標をセットした。具体的には、特許データから各技術者のキャリア年数や重要技術への関与経験、複雑技術の応用力、経験技術分野の多様性等の能力を示す指標を抽出し、またネットワーク分析を用いて各技術者の技術者ネットワークでのポジションを数値化することで、各技術者の特徴を示すこととした。さらに、制御変数として、企業総売上高（2012年度）に基づき、企業規模をコントロールした。

4. 結果

4-1. サムスン電子

サムスンは日本企業内の技術者の中から採用する際、どのような要素を重視して採用を決定しているのであろうか。この点を明らかにするため、日本企業内技術者の中で、サムスンに移動した人としなかった人の相違に関するロジット分析を行った。表2-9は、サムスンの日本企業人材採用の際の決定要因に関する分析の結果を示したものである。ここでは分かりやすくするため、一部省略して表記しており、さらに詳しい統計結果を知りたい方は、拙稿をご参照頂きたい[43]。ネッ

表2-9　サムスンの外部人材戦略

	Model 1	Model 2	Model 3	Model 4
キャリア年数	＋	＋	＋	＋
過去の実績	＋	＋	＋	＋
複雑技術の応用力	＋***	＋***	＋***	＋***
専門性	－***	－***	－***	－***
スター性	＋			
政治力		＋**		
仲介力			＋	
社交性				＋
定数項	－***	－***	－***	－***
会社規模ダミー	あり	あり	あり	あり
N	74,265	74,265	74,265	74,265
R^2	0.0257	0.0264	0.0257	0.0256

注：***： 1%レベルで統計的有意
　　**： 5%レベルで統計的有意
　　*：10%レベルで統計的有意

トワークの中心性指標は、相関が強いことから、それぞれモデルに投入している。ここでは、同じ日本企業に所属しながらサムスンが欲する人材とそうではない人材との間の相違を観察している。これにより、サムスンが日本企業内R&D人材を採用する際の決定要因、すなわち採用の際に重視する要素を明らかにすることができる。「***」は1%レベルで統計的に有意であること、「**」は5%レベルで統計的に有意であること、「*」は10%レベルで統計的に有意であることをそれぞれ示している。ここでは、「***」の付いている項目は採用の際に強く影響している、「**」の付いている項目はやや影響している、「*」の付いている項目はやや考慮されていることを示唆していると見ることができる。

　サムスン電子が日本企業内R&D人材を採用する際には、複雑技術

---

[43] 藤原「後発企業の外部人材活用による学習効果に関する実証分析」、東京大学大学院博士論文、2015。

表2-10 鴻海の外部人材戦略

	Model 1	Model 2	Model 3	Model 4
キャリア年数	−	−	−	−
過去の実績	＋	＋	＋	＋
複雑技術の応用力	＋***	＋***	＋***	＋***
専門性	−**	−**	−**	−**
スター性	−**			
政治力		＋***		
仲介力			＋	
社交性				−
定数項	−***	−***	−***	−***
会社規模ダミー	あり	あり	あり	あり
N	72,176	72,176	72,176	72,176
R^2	0.0385	0.0422	0.0381	0.038

注：*** ： 1％レベルで統計的有意
　　** ： 5％レベルで統計的有意
　　 * ：10％レベルで統計的有意

　の応用力を重視していることが分かる。また、専門性はマイナスとなっているが、これは特定の技術分野に特化していない、すなわち幅広い技術経験を有することを意味している。専門性の係数が負で1％有意ということは、幅広い技術経験を有することを重視していることを示唆している。また、政治力のある企業内技術者がやや選ばれやすい傾向にあることも明らかになった。

　このようにサムスン電子の外部人材採用傾向は、幅広い技術を有し、技術の応用力の高い人材で、技術者ネットワーク内で政治力のある技術者を選ぶ傾向にあると言える。技術者ネットワーク内で政治力のある技術者は、「陰の実力者」と言われており、スター技術者のそばで様々な情報を引き出し、その情報を活用することのできる人材と考えられる。特許データ上から、同じ日本企業から複数人の技術者がサムスンに移動しており、サムスンでも同じ研究チームで研究開発に従事していたケースが確認されたことも勘案すると、そのような政治力の高い技術者を採用することで、他の技術者に関する情報等を入手する

表2-11 華為の外部人材戦略

	Model 1	Model 2	Model 3	Model 4
キャリア年数	−***	−***	−***	−***
過去の実績	+**	+**	+**	+**
複雑技術の応用力	−*	−	−	−*
専門性	−***	−***	−***	−***
スター性	−***			
政治力		−		
仲介力			−	
社交性				+
定数項	−***	−***	−***	−***
会社規模ダミー	あり	あり	あり	あり
N	55,467	55,467	55,467	55,467
R^2	0.1209	0.1005	0.1101	0.104

注：*** : 1％レベルで統計的有意
　　** : 5％レベルで統計的有意
　　* : 10％レベルで統計的有意

ことも想定していた可能性も否定できない。偶然か意図的かは定かではないが、いずれにしてもサムスンは日本企業の技術者ネットワーク上で最も情報を効果的に活用できる人材を選んでいるということが言える。

4-2. 鴻海精密工業

次に、鴻海精密工業の日本企業人材採用の際の決定要因に関する分析の結果を表2-10に示した。まず、採用の際に強く重視しているのが、複雑技術の応用力と技術者ネットワーク内での政治力である。また、幅広い技術分野経験を有する人材も選ばれる傾向にある。一方で興味深いのは、スター性については「−**」となっており、負で5％レベルに統計的有意となっていることである。このことは、様々な特許に名前が現れるような目立つ技術者は選ばない傾向にあることを示唆している。鴻海精密工業は、目立つタイプではないが、幅広い技術分野の経験を有し、多くの複雑技術を応用する能力に長けた人材を採

表2-12 LGの外部人材戦略

	Model 1	Model 2	Model 3	Model 4
キャリア年数	+*	+*	+*	+*
過去の実績	+***	+***	+***	+***
複雑技術の応用力	+	+	+	+
専門性	−	−	−	−
スター性	+			
政治力		+***		
仲介力			+	
社交性				+
定数項	−***	−***	−***	−***
会社規模ダミー	あり	あり	あり	あり
N	56,171	56,171	56,171	56,171
R^2	0.0903	0.0998	0.0897	0.0907

注：*** : 1％レベルで統計的有意
　　** : 5％レベルで統計的有意
　　* : 10％レベルで統計的有意

用し、その人材に多くの現地人材を付かせることによって、日本企業出身者から様々な技術を学び取ろうという姿勢を示唆しているのではないかと考える。

4-3. 華為技術

表2-11に、華為技術の日本企業人材採用の際の決定要因に関する分析の結果を示した。前述までのサムスン電子や鴻海精密工業の人材採用の決定要因分析結果とは異なり、キャリア年数について「−***」と負の1％統計有意となっている。このことから、華為技術は若い技術者を選ぶ傾向にあるということが分かる。もっとも、この傾向が、華為が若い技術者が欲しいと判断したのか、それとも本来はベテラン技術者を採用したかったが、ベテラン技術者をスカウトすることができなかったのかについては定かではない。さらに、華為技術では、複雑技術の応用力よりも過去の実績の高さを重視する傾向が見られるという点も興味深い。サムスン電子や鴻海精密工業が過去の実績よりも

表2-13 現代の外部人材戦略

	Model 1	Model 2	Model 3	Model 4
キャリア年数	−	−	−	−
過去の実績	+	+	+	+
複雑技術の応用力	−	−*	−*	−*
専門性	−	−	−	−
スター性	−			
政治力		+*		
仲介力			−	
社交性				−
定数項	−	−	−	−
会社規模ダミー	あり	あり	あり	あり
N	6,069	6,069	6,069	6,069
R^2	0.1303	0.1275	0.1027	0.1501

注：*** ： 1%レベルで統計的有意
　　** ： 5%レベルで統計的有意
　　 * ： 10%レベルで統計的有意

複雑技術の応用力を重視していたこととは対照的である。サムスン電子や鴻海精密工業は、既に自社で研究開発を進めてきた実績があることから応用力が求められるのに対して、華為技術では社内での技術の蓄積が少ないことから、高い技術力を社内に移築できる人材を求めている可能性が考えられる。

4-4. LGエレクトロニクス

表2-12に、LGエレクトロニクスの日本企業人材採用の際の決定要因に関する分析の結果を示した。過去の実績が「+***」となっており、過去の実績、すなわち重要技術に関与した経験を強く重視していることが明らかになった。また、キャリア年数についても「+*」となっており、研究開発キャリアの長さが採用の際に考慮されている可能性を示唆している。また、政治力についても「+***」となっており、日本企業内技術者ネットワーク内で影響力の強いポジションにあったことが採用決定に影響していることが明らかになった。

LGエレクトロニクスが実際に過去の実績を強く意識して採用活動を行っているのかについては定かではない。しかし、サムスン電子を強く意識して、基礎的技術を強化したいと考えているとするならば、これまでに重要特許や質の高い特許に関与した経験のある日本企業内技術者を採用する戦略は非常に的を射ているように思われる。サムスン電子では、過去の実績よりも複雑技術の応用力を重視していたことも併せて考えると、基礎的技術の蓄積があるサムスン電子では、その技術の応用ができる外部人材を採用し、基礎的技術の蓄積をさらに進めたいLGは自社内で基礎的技術を構築できる人材をより重視したのではないかと解釈できる。

4-5. 現代（ヒュンダイ）

表2-13に、現代（ヒュンダイ）の日本企業人材採用の際の決定要因に関する分析の結果を示した。複雑技術の応用力は、「−*」と負の10%統計有意となっており、複雑技術の応用力が乏しい人材を選択する傾向にあることが分かる。一方で、社内の技術者ネットワークにおける政治力は「+*」となっており、現代に移動する技術者も社内で情報をコントロールしやすい地位にあったことを示唆している。

第5節　小括

本章では、成功企業が日本企業内技術者の中で、どのような要素を重視して人材を選ぶ傾向にあるのかという観点から、外部人材獲得戦略の分析を行った。このような成功企業の採用決定要因は、裏を返せば"選ばれる人材の条件"を示している。分析の結果、表2-14に示した通り、成功企業の採用決定要因としてほとんどの企業に共通して「政治力」のある技術者であることが有意に効いていたという点が挙げられる。すなわち、社内において、目立ち過ぎず、しかし目立つ技術者のすぐそばにいて、常に情報を取捨選択できる立場の人が成功企業から必要とされているのである。このことは、日本企業から移動した発明者を通して、その人が有していた技術知識のみならず、日本企業内の他の発明者に関する情報なども流出した可能性があることを示

表2-14 選ばれる人材の条件

	サムスン	鴻海	華為	LG	現代
キャリア年数	+	−	−	+*	−
過去の実績	+	+	+**	+***	+
複雑技術の応用力	+***	+***	−*	+	−
専門性	−***	−**	−***	−	−
スター性	+	−**	−***	+	−
政治力	+**	+***	−	+***	+*
仲介力	+	+	−	+	−
社交性	+	−	+	+	−

注：***： 1%レベルで統計的有意
　**： 5%レベルで統計的有意
　*：10%レベルで統計的有意

唆している。実際に、外国企業に移動した日本人発明者と同じ特許に名前を連ねていた発明者が、後に同じ外国企業に移動しているケースも特許上で確認された。

　また、「専門性」については、すべての企業においてマイナスとなっており、特定の技術分野に特化した技術者よりも、幅広い技術分野の経験を有する技術者が選ばれていることが明らかになった。すなわち、東アジア企業からは、「ゼネラリスト的技術者」であることが求められているものと解される。

　一方で、「スター性」のある技術者、すなわち技術者ネットワーク内で多くの技術者とつながっており、目立つ技術者であることについては、鴻海と華為で有意にマイナスとなっており、目立つ技術者は海外企業に転職しづらいということが示唆される。この原因として考えられるのは、技術者ネットワークの中でつながりが多く、目立つ技術者というのは、日本企業内での期待が高く、企業側からすれば手放し難く、また技術者個人の側からすれば海外企業へ転職するインセンティブが乏しいからではないかと推測される。

　また、これまでに重要特許や質の高い特許に関与した経験を重視するのが、LGエレクトロニクスと華為技術で、複雑技術の応用力を重視するのがサムスン電子と鴻海精密工業であることも明らかになった。

世界トップクラスのサムスン電子と鴻海精密工業では、既に一定の技術力の蓄積があることから、応用力を有する人材を欲しているのに対して、サムスンの後を追う二番手戦略を採用し、またスマホ事業に乗り遅れた LG 電子やスマホ販売で一気に追い上げを狙う華為技術では、スマホ関連技術等に関し、これまでに質の高い研究開発に関与した経験のある技術者を欲しているのかもしれない。

　キャリア年数に関しては、有意・非有意を問わず、韓国企業はベテラン技術者を選好する傾向にあり、中国・台湾企業は若手技術者を選好する傾向にあると言える。その原因として、文化的な違いがあるのではないかと考えられる。すなわち、中国では「技術者・研究者の年齢が高いと技術も古い」と考えられていることが象徴するように、若手技術者を高く評価する文化があると考えられる。一方、韓国企業ではベテラン技術者を技術顧問として招聘することも少なくないことからも読み取れるように、ベテラン技術者を重視する文化があるのではないかと考えられる。また、近年ではスマートフォン技術の開発が東アジアの電機メーカーの主軸となっていることも影響して、20 代、30 代、40 代の若手技術者のニーズが高いのではないかと考えられる。

　以上の通り、本章ではキャリアや過去の実績、ネットワークポジション等の観点から、成功企業の外部人材採用決定要因について分析を行った。本研究の結果からは、"選ばれる人材の条件"とは、第一に社内の人間関係において「政治力」があること、第二に「ゼネラリスト的技術者」であること、すなわち多様な技術分野の経験を有することが求められるという結論が導かれた。

　以上は、特許データを使った客観的な分析であるが、実際に東アジアの新興企業は、欲しい技術を有している技術者をピンポイントで獲得していると言われている。筆者が所属した大学にも韓国企業等からヘッドハントされた経験を持つエンジニア出身の研究者等が複数人所属しており、インタビューを行った。東アジア新興企業は、自分たちに不足している技術がどこにあるのかを徹底的に調べており、どの人がキーマンなのかを特許情報を用いて特定しているのではないかとの指摘があった。ターゲットとなる技術者を特定した後は、特許データや論文・学会発表データ、そして別途入手した人事情報を組み合わせ、

ヘッドハントを行っているのではないかとの意見が聞かれた。

一般に、東アジアの新興企業がヘッドハントをする際には、技術者のランクに合わせて、様々な契約条件が用意されていると言われている。例えば、年収6000万円から1億円で、契約期間は3〜5年といった条件に加えて、人事権の付与[44]や専属の通訳、運転手付きの車の支給などの付加条件がある。また、家具付きマンションの無償貸与や日本との往復旅費、家族の旅費など、有能な技術者であればあるほど有利な条件が提示される。特に、喉から手が出るほど欲しい技術者に関しては、給与等を即決することのできる役員がヘッドハントに立ち会うなどの一本釣りが行われるケースもあるとされる[45]。

前述の韓国企業等からヘッドハントされた経験を持つ技術者の方々に話を聞いたところ、2000〜3000万円を提示されたケース（電機大手8社の出身）やいくらでも出すと言われたケース（有名研究者）などがあることが明らかになった。筆者が直接聞いた話と新聞等の報道を統合すれば、年収に関しては、一般的な日本企業の技術者の年収の1.2倍から10倍程度の提示幅があると推測される。韓国企業のケースでは、雇用期間が1〜2年や3〜4年と比較的短期で、年収が1000〜2000万円だが、技術者によっては1億円が提示される場合もある[46]。中国企業の方が提示年収が高い傾向にあり、年収3600万円程度を提示されるケースも少なくなく、平均的には年収2700万円程度を受け取る技術者が多いとされる。さらに、中国企業の場合も、高級マンション、通訳、送迎、年数回の帰国費用が支給されるケースが多いとされる[47]。このように中国企業は、韓国企業以上に高い報酬を提示する傾向にある。このことは、中国企業が高い技術力を有する人材を是が非でも手に入れたいと考えていることを示唆している。

前述の通り、サムスンの李健熙（イ・ゴンヒ）会長は「技術は調達するものであって、開発するものではない」と語っているが、中国も

---

44 インタビュー調査の結果、人事権が付与された場合には、元同僚を呼び寄せるなども事実上可能になるという。
45 ロイター「韓国サムスンが日本人技術者引き抜き加速、人材戦略弱い国内勢」2012年4月23日。
46 吉川良三氏のインタビュー、*Business Journal*、2012、10、18。
47 谷崎、2014。

研究開発よりも技術借用の方がコストを抑えて、急速に先進企業に追いつくためには重要だと考える傾向が強い。中国（台湾）出身の経済学者で、2008年から4年間発展途上国出身で初めて世界銀行のチーフエコノミストを務めた林毅夫（Justin Yifu Lin）氏は著書の中で、「中国のような発展途上国にとっては、先進国から技術を導入した方が効率が良い」と述べている。さらに、「外国の技術を借用すれば、元の研究開発費の30％を超えないコストで導入することができ、さらにすべての失敗した実験コストも併せて考えれば、研究開発費は1％以下で導入できる」と述べている[48]。韓国、中国ともに、技術力を高める上で、先進技術を借用することや優秀な人材を確保することが非常に重要だと考えていることがうかがえる。

　本研究の特許データによる分析から、各社は非常に正確に優秀な技術者を選び出し、採用していることが明らかになった。特に、技術者ネットワークの中でも技術情報が集まりやすい技術者が選ばれている。これほどまでに東アジア新興国企業が的確に人材を選別しているのは、成長スピードの面でもコストの面でも研究開発に携わる人材の重要性を感じているからなのかもしれない。

---

[48] 林毅夫、2012。

第3章
ローカル人材の技術学習

第1節　技術学習過程

1. アジア企業は日本企業出身者から何を学んだのか？

　前章までで、日本企業からアジア企業へと移動したR&D人材像やアジア企業が日本企業出身者を採用する際の決定要因について、客観的データを用いた分析を行ってきた。次に、アジア企業は日本企業出身者を採用することで何を学んだのかについて、実証的に分析を行っていきたい。

　日本は、これまで巧みに外国技術を取り入れてきた国の1つである。古くは中国から取り入れた青銅器や土木、表記に関する知識などが挙げられる。また、ポルトガルから伝えられた火縄銃の技術、明治期のお雇い外国人による造船や鉄鋼技術、ラジオやテレビの技術など、様々な外国技術を取り入れてきた。これらに共通することは、日本人は外国技術を模倣しながら、それを改良し、独自の製品へと作り上げたことである。例えば、ノエル・ペリン氏は、著書『鉄砲を捨てた日本人』の中で、1543年にポルトガルから種子島に漂着した商人によって鉄砲の技術が伝えられたことに触れ、「アラビア人、インド人、中国人いずれも鉄砲の使用では日本人より先んじたのであるが、一人日本人だけが大量生産に成功した。そればかりか、みごと自家薬籠中の物としたのである[1]」と述べている。また、日本の自動車も、アメリカの自動車を模倣するところから始まったが、わずかな期間で大量生

1　ペリン、1991。

産に成功し、さらに新しいイノベーションを次々に創出している。このように、日本の技術成長は、まずは外国の技術を「模倣」することから始まり、次第に「大量生産」が可能になり、最後に「質の向上」へと向かうという段階を経て成し遂げられたと言える。

　一般に、技術の発展は、模倣から始まるとも言われる。国や企業が新しい技術を獲得しようとする場合、その多くが模倣戦略から始めるのもこのためである。その後、大量生産、そして質を向上させ独自の製品開発へとつなげられるかが競争力の鍵となる。そして、そのためには人材の育成が最も重要である。このことは、日本の工業化成功の要因として、幕末から明治にかけての殖産興業政策において、外国技術の取り入れと並行して、人材の育成に力を入れたことが指摘されることにも表れている。日本の近代化の過程では、人材育成の意識は非常に強く、例えば、新島襄や山本覚馬は「まず人材を作るのが第一」と語ったとされる[2]。また、1865年（慶応元年）にフランス公使と幕府との間で議定された横須賀製鉄所の設立原案にも、招聘した外国人技術者から工業伝習のために企業内に設置する「学校」の構想について、「日本政府は、エンジニア生徒を養成する目的で士族から教育と知性のある青年を選抜する。これら生徒は午前中通訳部長とともに本業につき、晩には海軍下士学校の課業に従事する。彼らは、仕事の許す限りエンジニアから補修を受ける。」と記されており[3]、就労しながらお雇い外国人から技術を学ぶことがしっかりと計画に組み込まれていたことが分かる。このように殖産興業政策においては、お雇い外国人の指導を受けることによって、即戦力としてのスペシャリスト的技術者を養成すると共に、長期的な視野に立ってゼネラリスト的な技術者の育成が図られていたと言える。

　それでは、アジア新興国企業内では、人材の育成は進んできたのであろうか。前章までで確認した通り、アジア企業は日本の人材を多く採用し、企業のイノベーションにつなげてきた。そこで、本章では、アジア新興国企業内のローカル人材の技術学習の進捗度を分析してみたい。具体的には、アジア企業内の人材が、日本企業出身者と共に仕

2　福本、2013。
3　堀内、2006。

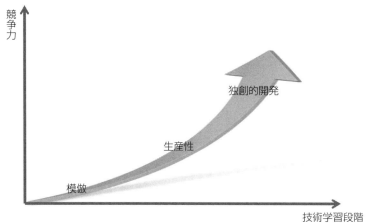

図 3-1　技術学習段階と競争力

事をすることで、「模倣」、「生産性」、「独創的開発」の能力を身につけたのかという点について、実証的に分析を加えていく。

　新たなイノベーションの創出にとって、外部の技術・知識を獲得することは非常に重要である[4]。技術・知識移転のチャネルとして、企業間における人材の移動が及ぼす影響については、これまでもいくつかの先行研究がなされてきた[5]。Igor et al.（2009）では、新興国のハイテク産業において、先進国で経験を積んで帰国した科学者や技術者がどのような影響を与えたのかを分析した。また、Igor et al.（2011）では、中国のハイテク産業に着目し、先進国から帰国した企業家がナレッジスピルオーバーにプラスの影響を与えたことを実証的に研究した。さらに、Kerr（2008）は、特許の引用情報を用いて、先進国の技術が人を介して新興国へと拡散していくことを示した。これらの研究は、米国・シリコンバレーなどで技術を学習した新興国のR&D人材が、母国に戻って母国での知識普及にどの程度役立っているのかに関する研究である。

　この点、日本の技術がどの程度海外企業から参照され、それが海外企業のイノベーション能力向上につながっているのかに関する研究は

4　Grossman & Helpman, 1990.
5　Almeida & Kogut, 1999；Kerr, 2008；Igor et al., 2009, 2011.

筆者が知る限りではなされていない。前述までの通り、近年多くの技術者が日本企業から東アジア企業へと移動している。本章では、日本企業出身者と共同で研究を行うことにより、現地技術者たちの技術力が向上し、質の高いイノベーション創出につながっているのかについて検証を行っていく。

2. 3つの技術学習過程

2-1. 模倣

一般に、模倣はネガティブな文脈で捉えられることが多い。独創性が足らない、リスクを取らずに成果だけ横取りするというようなイメージを持たれがちである。しかし、素晴らしい芸術も学問も画期的経営スタイルもその多くは模倣から生まれている。アイザック・ニュートンの「私がより遠くまで見渡せたとすれば、それは巨人の肩の上に乗ることによってです[6]」というあまりにも有名な言葉が象徴するように、独創も模倣から生まれるのである。経営学においても、模倣の重要性が改めて注目されており[7]、その焦点は模倣の是非ではなく、どこから、何を、どのように模倣し、学ぶべきかに移っている。

技術経営学においても、誰からどのように学ぶべきかが重要な課題となっている。技術者は、研究開発過程において技術的課題に直面した際には、様々な方法で知識を探索する。既存の技術に基づかず新たな技術を確立する場合（パイオニア的手法）もあり得るが、一部のパイオニア的手法による発明を除き、ほとんどの発明は既存の技術の組み合わせによるものである[8]。既存の技術の組み合わせ方については、自社の過去の蓄積技術に依拠する場合（局所探索／Local Search）と他者の構築した技術に依拠する場合（遠方探索／Beyond Local Search）がある[9]。Song et al.（2003）は、アメリカ企業からアメリカ以外の企業に移動した発明者の特許活動を分析し、外部人材を採用した場合、当該移動発明者は以前所属していた企業の特許を引用する確

---

[6] 最初に用いたのは12世紀のフランスの哲学者、シャルトルのベルナールとされる。
[7] 井上『模倣の経営学：偉大なる会社はマネから生まれる』やシェンカー『コピーキャット：模倣者こそがイノベーションを起こす』など。
[8] Ahuja & Lampert, 2001；Fleming & Sorenson, 2004.
[9] Stuart & Podolny, 1996；Rosenkopf & Nerkar, 2001；和島、2010。

率が高いことから、企業はそれまでよりも技術の幅を広げることができるという意味において、"learning-by-hiring"の効果（外部人材雇用による学習効果：雇用学習）があることを実証的に明らかにした[10]。

技術的キャッチアップを図る東アジア企業は、自社の過去の蓄積技術のみならず、技術的に進んでいる他企業の技術も参照するものと思われる。前述までの通り、東アジア企業は日本企業のR&D人材を積極的に採用している。日本企業出身者との共同研究経験が模倣の契機となっているならば、現地技術者が日本企業出身者と共に研究する機会を持つことで、日本企業の技術を参照する機会が増加すると考えられる。そこで、本章では、東アジア企業の技術者が、日本企業出身者と共同研究の経験をすることによって、研究開発において日本の技術を参考にする機会が増加するのかについて、実証的に分析を行っていく。

2-2. 量的向上

技術の発展は、模倣から始まり、大量生産体制の構築、独自の製品開発というステップを経る。第二ステップである大量生産体制の構築は、研究開発に置き換えると、多くの特許を産出できる能力と考えることができる。一般に、後発企業が先発企業から技術者人材を採用する際には、その人材から新しい技術や新しい研究のヒントがもたらされることを期待していると考えられる。日本企業出身者と同じ研究ユニットで研究を行う過程で、ローカル技術者が研究開発のヒントやコツを学習しているならば、日本企業出身者との共発明経験後は特許生産性が上昇するものと思われる。そこで、東アジア企業内の技術者は、日本企業出身者と同じ研究ユニットで研究する経験を持つことによって、特許の生産性が向上したのかについて見ていきたい。

2-3. 質的向上

技術学習の最終段階は、独自で独創的な研究開発が行えるようになることである。東アジアの後発企業内技術者は、模倣にとどまらず、

---

[10] Song et al., 2003.

既に独自に独創的な研究開発レベルに達しているのであろうか。

日本の場合、殖産興業の時期には、お雇い外国人から様々な技術を学び、優秀な技術者を生み出したとされる。工部大学校や後の東京大学工学部などで学んだ技師たちが、はじめは「先生（あるいはリーダー）」と呼ばれるお雇い外国人から学び、次第に日本人が先生になり、最後には日本人教師による日本製の技師が出てくるようになったという[11]。そのような過程を経て、1900年前後に日本の五大発明が誕生するに至ったのである。

アジア企業内技術者が、日本企業出身者から多くの技術を学び、独自の独創的技術を開発する能力を身につけているとするならば、日本のみならず世界の企業にとって大きな脅威になるだろう。模倣して、質の低い技術を量産するにとどまっているのであれば、売上高等で日本企業を追い抜いたとしても、技術的には未だ追随者（フォロワー）であるに過ぎないと言い得るが、独自の質の高い技術を生み出すことができるに至っているのであれば、日本は技術的にも完全に追い抜かれたと言わざるを得ないからである。

この点、アジア企業内技術者が独創的技術開発能力を身につけたか否かは、彼らがその後発明した特許の質で測ることができる。特許の質の高さは、後続の特許からどの程度引用されているのかで測ることができ、ローカル技術者が発明した特許がその後の特許から引用されているのであれば、重要な技術として認知されたと言えると共に、その技術・知識が拡散し、新しいイノベーションにつながったと言うことができる[12]。そこで、日本企業出身者との共同経験によりローカル技術者の質的なR&D能力が向上し、新たなイノベーション創出能力を身につけているのかを分析するため、日本企業出身者との共発明前後で、各ローカル技術者が関与した特許の質がどのように変化しているのかについて実証的に分析を行っていく。

11　尾高、2008。
12　Jaffe et al., 2002 ; Duguet & MacGarvie, 2005.

第2節　アジア新興企業は何を学んだのか？

　表3-1は、分析の結果を示したものである。まず、日本企業技術者と同じグループで研究を行うことによって、サムスン電子及び鴻海精密工業の技術者は、日本技術の探索・模倣傾向が向上することが明らかになった（表3-1上段参照）。このことは、日本企業出身者と共に研究開発活動を行うことによって、日本技術への関心や理解が深まり、その後の彼らの研究において日本技術が採り入れられるようになっていることを意味している。その理由としては、サムスンや鴻海は日本とのつながりが深いことが影響しているのではないかと思われる。サムスンと日本のつながりは、サムスンの創業者である李秉喆（イ・ビョンチョル）氏が早稲田大学で学び[13]、松下幸之助を師と仰いだことや二代目の李健熙（イ・ゴンヒ）会長が1965年に早稲田大学商学部を卒業したことにも表れている通り、日本人の性質もよく理解していると言われている。また、鴻海の郭台銘総裁も、シャープとの提携が話題になった際、「台湾と日本が手を携えて世界に向かうのは新戦略だ」と強調するなど、日本への理解がある人物である。このように企業トップの日本への理解が、社員の日本技術を探索し、模倣する姿勢につながったのではないかと考えられる。

　次に、日本企業技術者がローカル技術者の特許生産性に与えた影響について見ると、サムスン、鴻海、LGの技術者たちは、日本企業出身者との共発明経験により特許生産性が向上していることが明らかになった（表3-1中段参照）。一方で、華為技術と現代（ヒュンダイ）の技術者は、日本技術者との共発明経験後、特許生産性が低下している。この原因については、サムスン、鴻海、LGでは、日本技術者との共発明経験を自社内技術者の育成に効果的に活用できているためではないかと考える。これらの企業は、日本技術に関心があり、また日本市場に向けた商品開発にも力を入れたいと考えているものと思われ、日本企業出身者と同じチームで研究を行った技術者は、日本市場に向けた製品等の研究開発を行うことが期待されており、実際に多くの特

---

[13] 1934年に病気で中退。

表3-1　ローカル技術者の変化

	サムスン	鴻海	華為	LG	現代
日本技術の探索・模倣	向上***	向上***	－	＋	－
特許生産性	向上***	向上***	低下***	向上***	低下***
新たなイノベーション創出力	低下***	－	低下*	低下*	＋

注：***： 1％レベルで統計的有意
　　**： 5％レベルで統計的有意
　　*：10％レベルで統計的有意

許を産出しているのではないかと考えられる。

　最後に、日本企業出身者との共発明経験後のローカル技術者のイノベーション創出力の変化について見ていきたい。表3-1にもある通り、4社において、日本企業出身者との共発明経験後、イノベーション創出力が低下していることが明らかになった（表3-1下段参照）。特に、サムスンの技術者は明らかにイノベーション創出力が低下している。サムスンの技術者は、日本企業出身者との共発明経験後、日本技術の探索・模倣傾向が向上し、かつ特許生産性も向上しているにもかかわらず、新たなイノベーション創出力は低下しているのである。この原因としては、日本企業出身者と同じチームで研究をしたサムスンの技術者は、日本市場を意識して、日本技術を積極的に参照するあまり、新しいイノベーションの創出につなげることが難しくなったということが考えられる。一般的な事象に引き直してみれば、勉強する際に、模範解答や友人のノートを参照してばかりいると、本番の試験で未知の問題に対応できないことに似ているのかもしれない。

　日本出身の技術者と同じ研究チームで研究を行ったアジア新興企業の技術者の研究成果が、その後他の特許から引用されていないということは、技術のスピルオーバー効果が生じていないことを示唆している[14]。すなわち、日本の技術者がアジア新興国企業に渡ることを通じ

14　Jaffe et al., 1993；Branstetter, 2001.

て日本の技術は模倣されたと言えるが、技術のスピルオーバーは起きていないのではないかと考えられる。

第3節　分析手法及び結果

1.　データ

移動した日本企業出身者との共発明経験が、東アジア企業内の技術者の技術学習過程に及ぼす影響について分析を行うため、前章までと同様に、電機分野において、日本企業が出願したアメリカ特許および中国・韓国・台湾企業が出願したアメリカ特許から発明者名を抽出する。その後、重複を確認し、同姓同名の別人の可能性のあるデータを除去する。このようにして、日本企業から東アジア企業へと移動した技術者を特定する。

その後、中国・韓国・台湾企業が出願したアメリカ特許の中から、日本企業出身者が関与した特許を抜き出す。そして、日本企業出身者と共発明経験を有するローカル発明者を抽出する。そして、日本企業出身者と共発明経験を有するローカル発明者が関与したすべての特許を抽出し、その特許データを対象とした。日本企業から東アジア企業へと移動した発明者と共発明経験を有するローカル発明者数は、計1,121人に上り、そのローカル発明者が関与した特許は15,118件になる（表3-2参照）。

2.　変数

2-1.　被説明変数
(1) 日本企業出身者と共同研究を行うことによる日本技術の探索・

表3-2　日本企業出身者と共発明経験を有するローカル技術者

	サムスン	LG	華為	鴻海	現代
日本企業出身者と共発明経験を有するローカル発明者数	729	40	154	181	17
日本企業出身者と共発明経験を有するローカル発明者が出願した特許数	11,411	259	605	2,803	40

模倣効果

日本技術の探索・模倣効果については、日本企業出身者との共発明経験を経ることにより、日本企業の技術を参照する機会が変化するのか否かを分析対象とする。この点、特許の引用・被引用情報は、知識の流れを追跡する有効な手段として、これまでも多くの研究がなされてきた。引用・被引用情報は実際の知識や情報の伝達経路と高い相関があることが実証されている[15]。すなわち、後方引用情報（backward citation）は、当該特許が出願の際にどのような技術を探索・獲得したのかを表す[16]ことから、特許の引用情報によって知識がどのように移転したのかを追跡することができるのである。アメリカ国特許では、特許出願にあたって、出願人が知る先行技術をリストとして審査官に提示することが法的に義務付けられている。確かに、訴訟などに備えて先行技術を記載しない可能性もあるが、審査官がチェックし、申告漏れがあれば付け加えることになっており[17]、近年の研究によれば、引用情報は実際のナレッジフローと高い相関があるとされている[18]。

模倣・探索効果の検証では、日本企業出身との共発明経験を経て、日本の技術を参照する機会が変化するのかを分析することを目的とする。そこで、ローカル技術者が発明した各特許が、日本企業が出願した特許を何件引用しているのかをカウントし、その引用件数を被説明変数とした。

(2) 日本企業出身者と共同研究を行うことによるR&D生産性への影響

2つ目の検証では、日本企業出身者との共発明経験が東アジア企業内技術者のR&Dパフォーマンスに与える影響の分析を目的としている。被説明変数は、東アジア企業内技術者の特許生産性である。具体的には、東アジア企業に属する各技術者の年平均の特許出願件数を用いて、外れ値の影響を避けるため、その対数変換したものを用いた。日本企業出身者との共同発明を経験する前後で、1年あたりの特許出願件数に変化が生じるのかについて検証を行っていく。

---

15 Jaffe et al., 2002.
16 Duguet & MacGavie, 2005.
17 Thompson & Fox-Kean, 2005.
18 Jaffe et al., 2002.

(3) 日本企業出身者と共同研究を行うことによる質的イノベーション創出効果

　技術学習課程に関する3つ目の検証は、東アジアのローカル技術者が、日本企業出身者と共発明経験を経ることで独創的なイノベーションを創出する能力が向上するのかを分析することを目的としている。一般的に、イノベーションの質は、その発明に関する論文や特許が、その後の技術者たちにどの程度影響を与えたのかで測られる。特許の場合であれば、後願特許からどの程度引用されているのかを示す前方引用情報（forward citation）がイノベーションの質を示すことになる。そこで、日本企業出身者との共発明経験が、ローカル発明者の質的イノベーション創出力への影響については、日本企業出身者と共発明経験を有するローカル発明者が関与した特許について、その被引用回数を被説明変数とする。日本企業出身者との共発明経験前後でイノベーションの質が向上したか否かを測るためである。なお、被引用回数は、出願からの経過年数の影響による変動が大きく、直近に出願されたものほど回数は少なくなる傾向が強い。そこで、被引用回数をそのまま用いるのではなく、出願年 t の特許の被引用回の平均値で除して標準化した値を用いることとした。

2-2. 説明変数

　本章の分析は、日本企業出身者と共発明経験を経ることによって、ローカル技術者の日本技術の探索傾向や特許生産性、イノベーションの質に変化が生じるか否かを分析対象とする。そこで、日本企業出身者との共発明経験ダミーを説明変数とした。具体的には、日本企業出身者共発明経験があれば1、なければ0とする二値の変数とした。

2-3. 制御変数

　制御変数として、出願年代ダミー及び企業ダミーを用いた。出願年ダミーは、2005年以前、2006年から2010年、2011年以降の三段階とした。また、日本企業出身者が平均的技術者より優秀か否かで二分する優秀ダミーも設定した。具体的には、被引用度を用い、各技術者の被引用度合計が技術者全体の平均より上であれば1、下であれば0

とすることで優秀さを表したダミー変数である。共発明経験ダミー及び優秀ダミーの交差項についても変数に加えたモデルについても追加的分析対象とした[19]。また、情報集積しやすい地位か否かに関するダミーも設定した。優秀ダミーと同様に、技術者全体の平均より上であれば1、下であれば0とする。

3. モデル

本章における検証は、日本企業出身技術者との共発明経験が、東アジア企業内技術者のR&Dパフォーマンスにどのような影響を与えるのかを分析するものである。そこで、以下のモデルを推計する。

$$Per_{i,t} = \alpha + \beta_1 \times Co_i + \beta_4 \times m + \varepsilon$$
$$Per_{i,t} = \alpha + \beta_1 \times Co_i + \beta_2 \times Co_i \cdot exc + \beta_3 \times exc + \beta_4 \times m + \varepsilon$$

ここで、Perとは、後発企業内の各技術者のR&Dパフォーマンスを示し、Co_iは日本企業出身者との共発明経験ダミー、excが優秀ダミー、mがその他制御変数のベクトルを示している。R&Dパフォーマンスとは、ローカル技術者が関与した特許における、日本技術参照回数、特許生産性、特許の質をそれぞれ用いた。共発明経験ダミーについては、同じ研究ユニットで研究した経験があれば1、なければ0とするダミー変数である。

4. 結果

4-1. 日本企業出身者と共同研究を行うことによる日本技術の探索・模倣効果

東アジアの各企業内の技術者は、日本企業出身者と共同で研究開発活動に従事することでどのような変化が現れたのかについて、分析を行った。表3-3は、日本企業出身者と共同研究を行う前と後で、日本の技術を探索・模倣する機会にどのような影響が現れたのかについて、影響分析を行ったものである。表にある通り、サムスンと鴻海については、日本企業出身者との共同研究経験による効果が「+***」となっ

---

19 交差項と説明変数間の多重共線性を回避するため、標準化を行った。

表 3-3　日本技術の探索・模倣

	サムスン	LG	現代	華為	鴻海
日本企業出身者との共同研究経験の効果	+***	+	−	−	+***
定数項	+***	+	+	+***	+
出願年ダミー	あり	あり	あり	あり	あり
Number of obs	11,411	259	40	605	2,803
Adj R-squared	0.0082	0.0113	0.0417	0.0056	0.0266

注：***：1%レベルで統計的有意
　　**：5%レベルで統計的有意
　　*：10%レベルで統計的有意

ている。このことは、サムスン内技術者と鴻海内技術者は、日本企業出身者との共同研究によって、日本技術の参照機会が有意に増加したことを示唆している。

　前述の通り、既存の技術の組み合わせ方については、局所探索（local search）と遠方探索（beyond local search）がある。局所探索とは自社の過去の技術を参照する場合を言い、遠方探索とは他者の構築した技術を参照する場合を言う[20]。多くの場合、研究開発活動では、自社内の蓄積技術に依拠したり、自国の技術を参照したりすることが多い。同じ国、同じ業界、同じ分野の他の企業など自社と似ている企業を模倣することは、「属性ベースの模倣」と呼ばれ、最も効率的だと考えられてきたからである。しかし、近年、経営学において、最も似ている企業を模倣することは必ずしも最適のアプローチとは言えず、むしろ遠方探索が重要なのではないかと指摘されている。自分と似たものをコピーすることは、調節や修正が少なくて済み、効率的であるように思われるが、一方で自分たちには欠けている重要な要素に気づかないままコピーしてしまう恐れがあるからである[21]。

　この点、外国人材を採用して研究開発活動を行うことは、リスクを最小限に抑えて遠方探索を行うことが可能になる。すなわち、外国人材を採用した場合には、当該外国人材は以前所属していた企業・国の

20　Stuart & Podolny, 1996；Rosenkopf & Nerkar, 2001；和島、2010。
21　シェンカー、2013。

技術を参照する確率が高いことから、結果的に外国人材を採用することによって、採用企業側はそれまでよりも技術の幅を広げることができる。Song et al.（2003）も指摘する通り、外国人材を採用することのメリットの1つとして、当該外国人材が外国技術を採用企業に導入する導管のような役割を果たすことが挙げられるのである[22]。日本企業出身者を採用した東アジア企業においても、日本企業出身者が導管のような役割を果たしたものと考えられる。すなわち、サムスンや鴻海内技術者は、日本企業出身者と同じ研究ユニットで研究開発活動に従事する中で、日本の技術への理解や関心を深め、日本の技術をベースにした研究開発を目指そうとしたのではないかと推測される。

　表3-4は、より詳細に分析を行った結果を示したものである。Model 1及びModel 2が示す通り、日本企業出身者との共同研究の経験は、日本企業の技術を参照する機会を有意に増加させることが明らかになった。それでは、共同で研究する日本企業出身者のレベルは日本技術参照機会に影響を与えるのであろうか。この点を明らかにするため、追加的分析を行ったものが、Model 3及びModel 4である。ここでは、移動した日本企業出身者について、その優秀度と情報集積性を日本企業全体の企業内技術者の平均と比較して、平均以上と平均以下に分け、上位者との共同研究効果と下位者との共同研究効果を分析したものである。なお、優秀度については、各技術者が関与した特許の被引用回数から算出し、情報集積性については、次数中心性の数値を用いている。5社を統合したデータセットを用いて、日本企業出身者との共同研究効果について分析を行っており、詳しい分析内容にご関心がある方は、拙稿をご参照頂きたい[23]。

　Model 3が示す通り、共同研究した日本企業出身者が平均よりも優秀な人材だった場合でも、優秀さが平均以下であった場合でも、日本企業技術を参照する回数に対しては、有意にプラスとなることが明らかになった。同様に、Model 4が示す通り、平均より情報が集積しやすい地位にある日本企業出身者と共同した場合でも、平均より情報が

22　Song et al., 2003.
23　藤原「後発企業の外部人材活用による学習効果に関する実証分析」、東京大学大学院博士論文、2015年。

表 3-4　日本技術の探索・獲得効果

	Model 1	Model 2	Model 3	Model 4
日本企業出身者との共同研究経験	+***	+***		
優秀な日本企業出身者との共同発明ダミー（Ref. 共同経験なし）				
平均以下の日本企業出身者と共同研究			+***	
平均以上の日本企業出身者と共同研究			+***	
情報が集積しやすい日本企業出身者との共同発明ダミー（Ref.共同経験なし）				
平均以下の日本企業出身者との共同発明				+***
平均以上の日本企業出身者との共同発明				+***
出願年ダミー（Ref.2005年以前）				
出願年（2006-2010年）	−***	−***	−***	−***
出願年（2011年以降）	−***	−***	−***	−***
企業ダミー（Ref.Hyundai）	なし	あり	あり	あり
_cons	+***	+***	+***	+***
Number of obs	15,118	15,118	15,118	15,118
Adj R-squared	0.0128	0.0193	0.02	0.0208

注：***：1%レベルで統計的有意
　　**：5%レベルで統計的有意
　　*：10%レベルで統計的有意

集積しづらい地位にある日本企業出身者と共同した場合でも、共同研究を経験した後は、日本企業特許の参照数が有意に増加することが明らかになった。

　これらのことは、日本企業出身者と共同研究をすることによって、日本技術の探索・模倣傾向が増加するか否かは、共同する日本企業出身者の優秀さのレベルに左右されないということを示唆している。すなわち、日本国内で優秀な技術者と共同した場合でも、優秀ではない技術者と共同した場合でも、同様に日本企業技術を参照する機会が増加することから、日本企業出身者と共同で研究を行うという経験自体が、日本技術への理解や関心を高め、日本技術の探索・模倣へとつながっているものと思われる。外国の技術を取り入れ、自社の技術の幅を広げたいと考える場合には、当該国の技術者を採用することによっ

て実現する可能性が高く、かつその際の外国人材のレベルはあまり影響しないとすれば、外国人材を活用する意義は非常に大きいと言える。

4-2. 日本企業出身者と共同研究を行うことによるR&D生産性への影響

外国技術を取り入れ、技術的成長を果たすためには、「模倣」、「量産」、「質の向上」という三段階を経る。この点、一部のアジア新興企業の技術者は、日本企業出身者と共同研究を経験することによって、その後日本の技術を参照する機会が有意に増加していることが示された。それでは、次の段階である「量産」は実現しているのであろうか。この点を明らかにするため、サムスン、鴻海、LG、華為、現代の5社について、社内技術者のR&Dパフォーマンスが、日本企業出身者との共発明経験の前と後でどのように変化したのかについて、実証的に分析を行った。

表3-5は、日本企業出身者との共同研究経験が、各社の社内技術者の特許生産性にどのような影響を与えたのかに関する分析結果を示したものである。サムスン電子、LGエレクトロニクス、鴻海については「＋***」となっており、1%レベルで統計的に有意にプラスであることが明らかになった。このことは、サムスン、LG、鴻海内の技術者にとっては、日本企業出身者との共同研究経験により特許の生産性が向上することを示唆している。日本企業出身者との共同研究経験が、特許の生産性を向上させる理由については、日本企業出身者から研究開発に関するコツや技術情報を学んだ可能性や日本企業出身者の研究姿勢に影響を受けた可能性等が考えられるが、実際になぜ日本企業出身者との共同研究後に特許生産性が上昇したのかについては、ヒアリング調査等別途調べなければ詳細は明らかにはならない。ただ、サムスン、LG、鴻海の3社については、日本企業出身者との共同研究を社内技術者の特許量産へ効果的につなげることができたと言うことができる。

一方で、現代と華為については、「－***」となっている。このことは、現代、華為内技術者にとっては、日本企業出身者との共同研究経験が特許の生産性を押し下げることを示唆している。日本企業出身者

表3-5 特許生産性

	サムスン	LG	現代	華為	鴻海
日本企業出身者との共同研究経験の効果	+***	+***	−***	−***	+***
定数項	+***	+***	+***	+***	+***
出願年ダミー	あり	あり	あり	あり	あり
Number of obs	11,411	259	40	605	2,803
Adj R-squared	0.0599	0.045	0.3175	0.0523	0.0394

注：***：1%レベルで統計的有意
　　**：5%レベルで統計的有意
　　*：10%レベルで統計的有意

との共同研究経験後に特許生産性が下がった原因については、日本企業出身者との共同研究後、幹部等に昇格するなどして、研究開発部門から管理する部門等に移ったことや日本の技術を取り入れるための試行錯誤段階にあることなどが考えられる。いずれにしても、現代、華為については、日本企業出身者との共同研究経験を、社内技術者の特許量産へはつなげられなかったと言うことができる。

4-3. 日本企業出身者と共同研究を行うことによる質的イノベーション創出効果

外国技術を取り入れた技術学習過程のうち、「模倣」、「量産」については、一部企業についてではあるが、日本企業出身者との共同研究により実現できていることが明らかになった。そこで、技術学習過程の最後の段階である「独力による独創的なイノベーション創出」が実現できているのかについて、分析を行いたい。「独力による独創的なイノベーション創出」ができているか否かについては、日本企業出身者との共同研究の経験後に、当該技術者が出願した特許が、他の特許に引用されているか、すなわち、質の高い特許を創出できているのかという観点から分析を行う。表3-6は、日本企業出身者との共同研究経験が、質的イノベーションの創出に与えた効果についての分析結果を示したものである。統計的に有意となったのは、サムスンとLG、華為の3社についてである。サムスンは、「−***」、LG及び華為は「−

表 3-6 質的イノベーション創出能力

	サムスン	LG	現代	華為	鴻海
日本企業出身者との共同研究経験の効果	−***	−*	＋	−*	−
定数項	＋***	＋***	＋***	＋***	＋***
出願年ダミー	あり	あり	あり	あり	あり
Number of obs	11,411	259	40	605	2,803
Adj R-squared	0.0105	0.0601	0.4574	0.0192	0.0035

注：***：1％レベルで統計的有意
　　**：5％レベルで統計的有意
　　*：10％レベルで統計的有意

*」となっている。

　これらのことから、東アジア企業は、日本企業出身者との共同研究経験を質的イノベーション創出につなげることができていないということが言える。特に、日本企業出身者との共同研究経験がマイナスとなっており、独創的な研究開発の阻害要因となっていると思われる点については、日本技術を理解し、自在に使いこなせるまでになるにはさらに時間を要することや、現地技術者の潜在能力の不足、そもそも日本の技術が東アジア企業でニーズがない可能性などが考えられるが、質的イノベーションの創出につながっていない真の理由については、別途ヒアリング調査等追加の分析が必要である。

　このように、日本企業出身者との共同研究経験が、移動先企業内技術者の独創的な研究開発能力の向上につながっていないことが明らかになった。そこで、このことは、共同研究を行う日本企業出身者のレベルによって影響を受けるのかという点について、追加的に分析を行った。表3-7は、日本企業出身者と共同経験を行った後、現地技術者についての質的イノベーション創出効果について検証した結果を示したものである。Model 3が示す通り、優秀な日本企業出身者との共同研究を経験した場合でも、優秀ではない日本企業出身者と共同研究を経験した場合でも、東アジア企業内技術者に質的イノベーション創出効果を与えないという点において変わりはないことが明らかになった。また、Model 4が示す通り、その傾向は、日本企業出身者のネッ

表3-7 質的イノベーション創出効果

	Model 1	Model 2	Model 3	Model 4
日本企業出身者との共同研究経験	－***	－***		
優秀な日本企業出身者との共同発明ダミー（Ref. 共同経験なし）				
平均以下の日本企業出身者と共同研究			－***	
平均以上の日本企業出身者と共同研究			－***	
情報が集積しやすい日本企業出身者との共同発明ダミー（Ref.共同経験なし）				
平均以下の日本企業出身者との共同発明				－***
平均以上の日本企業出身者との共同発明				－***
出願年ダミー（Ref.2005年以前）				
出願年（2006-2010）	＋***	＋***	＋***	＋***
出願年（2011-）	－	＋***	＋***	＋***
企業ダミー（Ref.Hyundai）	なし	あり	あり	あり
_cons	＋***	＋	＋	＋
Number of obs	15,118	15,118	15,118	15,118
Adj R-squared	0.0081	0.0108	0.0109	0.0117

注：***：1％レベルで統計的有意
　　**：5％レベルで統計的有意
　　*：10％レベルで統計的有意

トワーク上のポジションとも関係しないことが明らかになった。

4-4. 東アジア企業内技術者の吸収能力との関係

このように、東アジア企業では、模倣、量産までは実現できているものの、独創的技術の開発、質的向上にはつなげられていないことが明らかになった。なぜ、優秀な日本企業出身の技術者を採用しているにもかかわらず、ローカル技術者のイノベーション創出力が向上していないのであろうか。この点について、現地技術者の吸収能力（absorptive capacity）が影響しているのではないかと考え、追加的に分析を行った。例えば、日本の殖産興業政策の際、お雇い外国人について学んだのは、工部大学校（後の東京大学工学部）出身の技師たちであったと言われている。日本の工業化においては、優秀な人材を

外国人に学ばせたことが成功の要因の1つだとすれば、東アジア企業では日本企業出身者にどのような人材を付けていたのかが問題になるからである。

そこで、対象の東アジア企業に所属する全技術者を対象にし、日本企業出身者と組む技術者と組まない技術者の決定要因について分析を行った。すなわち、東アジア各企業の社内技術者について、日本企業出身者と組む場合は1、組まない場合は0とするプロビット分析を行うことで、日本企業出身者と組むローカル技術者の決定要因分析を行った。データは、対象5社が出願したアメリカ特許データを用い、当該特許に含まれる全技術者（2万4114人）を分析の対象とした。東アジア企業のすべてのローカル技術者について、過去の実績に関する4項目（優秀度、複雑技術の応用力、キャリア年数、専門性）及び社内ネットワークに関する2項目（スター性、政治力）を算出した。具体的には、説明変数として、被引用度で示される優秀度、各特許の

表3-8 日本企業出身者と組むローカル発明者の決定要因

	Model 1	Model 2
優秀度	+*	+
複雑技術の応用力	−	+
キャリア年数	+**	+***
専門性	+***	+**
スター性	+***	+***
政治力	−	−*
企業ダミー(Ref.Hyundai)	なし	あり
Samsung		+**
LG		−
Huawei		+***
Honhai		+***
定数項	−***	−***
Number of obs	24,114	24,114
Pseudo R2	0.0106	0.0667

注：***：1%レベルで統計的有意
　　**：5%レベルで統計的有意
　　*：10%レベルで統計的有意

引用回数で示される複雑技術の応用力、アメリカ国特許初出願年からの経過年を示すキャリア年数、経験技術分野の多様性・専門性を示すIPC番号のHHI指数、各社における技術者ネットワーク内でのポジションのうち、次数中心性によるスター性及び固有ベクトル中心性による政治力という6つの変数を用いた。

表3-8はその結果を示したものである。表からも明らかな通り、各東アジア企業内でも優秀で、キャリアも長い人材が日本企業出身者と組んで研究開発活動に従事していたことが明らかになった。また、特定の技術分野に特化した専門性の高い人材を充てていることが明らかになった。さらに、日本企業出身者と共に研究開発を行ったローカル技術者は社内でスター技術者的存在であることも明らかとなった。すなわち、東アジア企業全体の技術レベルという問題は別途議論の余地があるが、相対的に見れば吸収能力の高い優秀なローカル人材が日本企業出身者と組んでいると考えられる。

このように、優秀なローカル人材を以ってしても、日本の技術を真似し、量産することはできても、独創的な研究開発を実施するには至っていない。その理由としては、独創的な技術を生み出し、日本技術を韓国流、中国流の独自のものとするためには、さらなる時間を要するということを示唆しているのではないかと考える。

第4節　小括

本章では、東アジア企業内技術者が日本企業出身者と同じ研究開発チームで研究を行うことにより、日本の技術を学習し、技術力が向上しているのかについて検証を行った。検証の結果、日本企業出身者と共同研究を行うことによって、その後日本企業が出願した特許を参照する回数が増加することが有意に示された。すなわち、技術的先進企業出身の技術者と共同で研究する経験を経て、先進企業の技術を参照する機会が増えるという遠方探索効果が生じていると解される。このことは、東アジアの一部企業では、日本企業出身者との共同研究経験により日本技術の「模倣」が効果的に実現できていることを示唆している。前述の通り、近年、「模倣」は単なる真似とは異なり、技術イ

表3-9 ローカル人材の技術学習効果

	サムスン	鴻海	華為	LG	現代
日本技術の探索・模倣能力	+***	+***	−	+	−
特許生産性の向上	+***	+***	−***	+***	−***
新たなイノベーション創出力	−***	−	−*	−*	+

注：*** : 1%レベルで統計的有意
　　** : 5%レベルで統計的有意
　　* :10%レベルで統計的有意

ノベーションのための重要な戦略であると言われている。サムスンや鴻海は、日本企業出身者との共同発明経験を有効に活かし、日本技術を効果的に模倣することができていると言える。さらに、サムスンや鴻海、LGに関しては、日本企業出身者との共同発明経験を経ることによって、特許生産性が向上していることが明らかになった。外国技術の取り入れ段階のうち、「模倣」「量産」という二段階をクリアしていると言える。

一方で、日本企業出身者と共同研究を経験した後も、現地技術者の質的イノベーション創出効果は生じておらず、技術のスピルオーバー効果は確認されなかった（表3-9参照）。なぜ現地技術者の研究開発の質は向上しなかったのであろうか。ここでは、その原因について、さらに考察を加えていきたい。この点、先行研究から、技術・知識が効果的に伝達されやすい条件として、1）同じ企業あるいは同じ地域であること[24]、2）ハイテク産業であること[25]、3）受け手側にアブソープティブキャパシティがあること[26]、4）同じ言語同士あるいは同じ民族であること[27] などが指摘されている。まず、1）については、同じ企業内ではないものの、アジア地域内である。2）については、本研究は電機産業を対象としており、ハイテク産業であると言える。3）については、東アジア企業の発明者の中で、日本企業出身者と組む発明者と組まない発明者の違いについて追加的に分析した結果、日

---

24 Singh, 2005.
25 Kerr, 2008.
26 Tsai, 2001；Igor et al., 2011.
27 Maurseth & Verspagen 2002；Kerr, 2008.

本企業出身者と共発明を行うローカル技術者は、キャリア年数が比較的長い技術者、専門性の高い技術者、情報集積力の高い技術者であることが明らかになり（表3-8参照）、アブソープティブキャパシティが比較的高いと言うことができるものと考える。4）の言語の共通性については、日本企業出身の技術者と東アジア企業の技術者では母語を異にする可能性が非常に高い。日本企業出身技術者と現地技術者が、日本語でコミュニケーションをとったのか、英語でコミュニケーションをとったのか、あるいは韓国語、中国語でコミュニケーションをとったのかは定かではないが、同じ言語同士のコミュニケーション以上の努力を払わなければコミュニケーションがとれないのではないかと思われる。すなわち、同じ言語同士ではなかったことから、効果的にナレッジスピルオーバー効果（知識普及効果）を生じさせることができなかったのではないかと考えられる。以上のように、日本企業技術者と東アジア企業の技術者との間には言語の壁が立ちふさがり、異言語間でのコミュニケーションコストが増大したことが、技術のスピルオーバー効果を阻害した一因ではないかと考える。

　日本の工業化の過程においても、日本独自の技術開発を行うことができるようになったのは、指導者としての外国人が帰国して数年後以降のことであり、日本語で考え、研究を進めていくことが重要だったのではないかと指摘されている。東アジア企業では、現段階では、技術のスピルオーバー効果は生じていないことが明らかになったが、このことは技術者の移動を介して技術のスピルオーバー効果が起こらないということを意味しているわけではない。むしろ、東アジア各国企業のローカル技術者は、日本企業出身者から技術を学び、模倣し、量産するところまでは到達しているということを考え合わせれば、彼らが日本出身の技術者から学んだことを自らの言語に落とし込んで考えられるようになれば、数年後には独創的な技術開発を行えるようになる可能性は十分あり得るのではないかと考える。

第4章
日本企業技術者のアジアイノベーションへの貢献

第1節　日本企業技術者とアジアのイノベーション

　第1章において述べた通り、アジア企業は技術先進国である日本企業の人材の中から、的確に優秀な人材を選び出し、採用している。電機大手8社の元社員を中心に、大企業、準大企業出身者が多くアジア企業へ移動している。さらに、彼らは国内でもトップクラスの特許生産性を維持しており、かつ技術的価値の高い特許に関与した経験を有することが明らかになった。一方で、第2章で述べた通り、日本企業内R&D人材の中でどのような要素を重視するのかは、成功企業内でも異なることが明らかになった。若手技術者を重視する企業もあれば、技術的価値の高い特許への関与経験を重視する企業もある。アジアの各企業は、日本企業内R&D人材をそれぞれの人材採用戦略に基づき採用し、それぞれの研究開発戦略に基づき活用しているはずである。
　そこで、本章ではアジアの各企業は、日本企業出身のR&D人材を効果的に活用できているのかについて分析を行う。すなわち、日本企業出身者とアジア新興国企業内技術者とのパフォーマンスの相違はあるのかという視点で分析を行う。日本企業出身者が移動先企業のイノベーションに貢献しているということは、採用する企業の側からすれば、外部から採用した人材を有効に活用できているということを意味する。また、移動する側のR&D人材から見れば、活躍の可能性があるということを意味している。一方、送り出し側の日本企業からすれば、放出した人材が競合企業で活躍することによる損失を意味する。
　この点、東アジア企業でのイノベーションへの貢献を考える場合、

日本企業出身者は一定数いるものの、ローカル技術者との比較では人数が圧倒的に少ない。そのため、一部に過ぎない日本企業出身者が移動先企業のイノベーション全体を引き上げたということを実証するのは非常に難しい。そこで、日本企業出身者は、ローカル技術者と比較して、当該企業のイノベーションへの貢献度が高いと言えるのかという視点で分析を行った。ただし、日本企業出身者及びローカル技術者のR&Dパフォーマンスを単純に比較したのでは、内生性の問題が生じ得る。すなわち、日本企業出身者は外国企業に選ばれる程度の実力を最初から持っていた可能性がある一方、ローカル技術者の中には研究開発に従事し始めたばかりの人も含まれ得るからである。そこで、本研究では、日本企業出身者と同程度のキャリア、技術分野のローカル技術者をマッチングさせ、その差を検定するという手法を採用した。この手法は、プロペンシティスコアマッチング（傾向スコア分析）と呼ばれるものであり、第3節において詳述する。

第2節　アジアイノベーションへの貢献

表4-1は、属性が同じ技術者を比較して、日本企業出身者とローカル技術者との間で、研究開発パフォーマンスに相違が見られるかを検証した結果を示したものである。

サムスンに移動した日本企業技術者は、同程度のサムスン技術者よりも特許産出量が多く、サムスンの量的イノベーションに貢献したことを示唆している。第2章・第3節で示した図2-6にも表れている通り、サムスンに移動した日本企業技術者は、日本国内でもトップクラ

表4-1　日本企業出身者の貢献

移動先企業	日本企業技術者の強み
サムスン	量的イノベーションへの貢献
鴻海	イノベーションの高度化への貢献
華為	―
LG	イノベーションの高度化への貢献 質的イノベーションへの貢献
現代	―

スの特許生産性の技術者がほとんどであったことから、日本企業出身者は、多くの特許を産出することを期待されていたのではないかと推測される。

鴻海精密工業に移動した日本企業技術者は、鴻海のイノベーションの高度化に貢献している。この点、第2章・第2節・表2-2でも示した通り、鴻海は、日本企業から技術者を採用する際、複雑技術の応用力を非常に重視していた。これらのことから、鴻海は、日本企業出身者に、既存の技術を活かしながら、新しい技術を生み出すことを期待しているのではないかと推測される。

LGに移動した日本企業技術者は、LGの技術者に比べて、イノベーションの複雑化への貢献及び質的イノベーション向上への貢献が高いことが示された。この理由として考えられるのは、LGが二番手戦略から脱し、「世界初」の製品を開発し、いち早く市場に投入する戦略へとシフトしたことが影響しているのではないかと考えられる。すなわち、先を行くサムスンでも成し得ていない技術開発を行うためには、技術先進国から採用してきた技術者の開発能力に頼ることが最も効率的であると考え、日本企業技術者に新たなイノベーションの創出を期待する姿勢の表れなのではないかと考える。このように、LGに移動した日本企業技術者は、LGにおいて複雑技術を用いた、質の高い研究開発を行ってきたと言うことができる。

第3節　分析手法及び結果

1.　プロペンシティスコアマッチング（傾向スコア分析）

日本企業から東アジア各企業へ移動した技術者と東アジアのローカル技術者のパフォーマンス効果を計測・比較して実証研究を行う際に、問題となるのが、内生性の問題である。すなわち、日本企業から海外企業へと移動する技術者というのは、もともと優秀な技術者である可能性が高いため、単純にイノベーションへの貢献度を比較しても、潜在的な能力の違いによるパフォーマンスの相違を見ているのか、日本企業出身者はローカル技術者と比較して貢献度が高いのかを識別する

ことが困難であるという点である。こうした状況で近年よく利用されるのが、プロペンシティスコアマッチング（傾向スコア分析）である。

プロペンシティスコアマッチングとは、1983年にRosenbaum & Rubinが発案した分析手法であり、観察データの中で、似た者同士を抽出し、その結果を比較するというものである。例えば、A大学に入学した人と不合格になった人のその後の収入という結果を比較するという事例であれば、各人についてA大学に入学できる確率（＝プロペンシティスコア）を、模試での5教科の点数などから求め、A大学合格確率が似た者同士をマッチングし、結果（＝その後の収入）を比較することになる。合格率が同じ、すなわち学力が同じ者同士にもかかわらずその後収入が異なるということは、A大学に入学したことの効果と考えることができるからである。

本研究に即して考えると、「日本企業から東アジア企業へ移動した技術者」と「属性のよく似たローカル技術者」を探し出し、その両者のパフォーマンスを比較することで、日本企業出身者を採用することのメリットを計測しようというものである。分析は、以下の三段階から成る。第一段階としては、移動技術者とローカル技術者のデータをプールして、海外企業へ移動する確率を推計するモデルの推計を行う。説明変数には、海外企業への転職に影響を及ぼし得る技術者の属性情報（キャリア年数及び技術分野）を用いて、海外企業への転職確率をプロビット・モデルで推計する。第二段階では、この予測値（＝プロペンシティスコア）を計算し、移動技術者のプロペンシティスコアと、おおよそ等しいプロペンシティスコアを持つローカル技術者を探し出し、マッチングする。すなわち、ローカル技術者の中で、外国企業に採用されてもおかしくないような実力の者をそれぞれ選び出すという作業である。第三段階では、このマッチングした技術者同士の間で、R&Dパフォーマンスに差があるかを比較し、このR&Dパフォーマンスの違いが、日本企業出身者であることの効果であるとみなすことになる。

2. データ

東アジアの対象企業（サムスン、鴻海、華為、LG、現代）の5社

表4-2 分析対象技術者数

	サムスン	鴻海	華為	LG	現代
ローカル研究者	37,917	5,809	2,408	16,645	3,470
日本企業出身者	328	42	54	44	18
合計	38,245	5,851	2,462	16,689	3,488

について、それぞれの特許から発明者名をすべて抽出する。所属する発明者のうち、日本企業出身者は1、それ以外の技術者を0とする。分析対象技術者数は、表4-2に示した通りである。各発明者について、東アジア企業でのR&Dパフォーマンスを計測するため、後述する通り、特許生産性、一特許あたり平均引用回数、一特許あたり被引用回数を求める。さらに、プロペンシティスコアマッチングのため、日本企業出身者については、日本企業内でのキャリア年数及び最も得意とする技術分野（担当特許内での最頻IPC番号）を抽出する。一方で、ローカル技術者については、当該東アジア企業内でのキャリア年数及び最も得意とする技術分野を特定する。

3. 変数

3-1. 被説明変数

東アジア企業のイノベーションへの影響については、日本企業出身者の東アジア企業における量的イノベーションへの貢献、イノベーションの高度化に対する貢献、質的イノベーションに対する貢献という3つの側面から、ローカル発明者との比較において分析している。

まず、量的イノベーションへの貢献とは、各技術者が当該企業において特許の算出という意味でのイノベーションにどの程度貢献したのかを示すものである。被説明変数には、Pakes & Griliches (1984)、Hausman et al. (1984)、Hall et al. (1995)、Crépon et al. (1997) 等の先行研究に倣い、各技術者の特許生産性を用いた。各技術者の特許生産性は、東アジア企業内での1年間あたりの平均特許出願件数を発明者ごとに算出したものである。東アジア企業における特許生産性が、日本企業出身者とローカル技術者との間で差が生じているのかを分析することを目的とする。

次に、イノベーションの高度化に対する貢献とは、各技術者が当該企業において関与した特許が、どの程度複雑な技術を組み合わせたものとなっているかを示すものである。この点、特許の引用件数は、その発明がどの程度複雑な技術の組み合わせであるかに関わる指標として用いられることが多い[1]。アメリカ特許では、出願人が先行技術リストを審査官に提示する「先行技術開示義務」に罰則が設けられていることもあり、必要な先行技術が正確に開示されている可能性が高いため、引用件数を用いることで、当該特許がどの程度累積的な性格を有するのかを測ることが可能だからである。

最後に、質的イノベーションへの貢献とは、各技術者が東アジア企業で関与した特許の質の向上を測るための指標であり、ここでは一特許あたり平均被引用回数を用いた。先行研究においても、特許の質を示す代表的な指標として、特許の被引用数が多く用いられてきた[2]。被引用回数とは、後願の特許が当該特許を引用した件数を言い、多くの特許から引用されるということは特許の質、技術的価値が高いと考えることができるからである。被引用回数と特許の質に強い相関関係が存在することを実証した研究として、Trajtenberg（1990）、Jaffe et al.（2002）などがある。また、Harhoff et al.（1999）においては、被引用件数の多い特許は、満期になるまで更新される傾向が高く、被引用件数が少ない特許それ以前に失効することが多いことから、被引用件数と特許の質に相関があることをアメリカ国とドイツの特許データを用いて実証している。そこで、各技術者が関与した特許につき、一特許あたりの被引用回数を求めることにより、各技術者が質や技術的価値の高い特許の産出にどの程度貢献したのかを測ることができる。

3-2. 説明変数

各技術者について外国企業へ移動する確率という観点で、日本企業から東アジア企業へ移動した技術者には1、移動していないローカル技術者には0とする。さらに、R&Dパフォーマンスに影響を及ぼすと考えられる各発明者のキャリア年数、専門的技術分野（H01、H02、

---

1 渡部、2011。
2 Carpenter et al., 1981；Albert et al., 1991；Harhoff et al., 1999。

H04、H05、それ以外)、経験技術分野の多様性（HHI）という変数をセットした。各発明者のキャリア年数については、長い期間研究開発活動に関わり、様々な技術や知識を吸収したことは、イノベーションを創出する際に重要な役割を果たすものと考えられるからである[3]。また、多様な技術分野経験を有すること、あるいは専門的な技術分野に特化していることは、新しい技術開発を行う上で重要な要素となり得ることから、技術分野及び技術分野の多様性についても変数に加えた。

4. モデル

各技術者の東アジア企業のイノベーションへの貢献を検証するために、以下のモデルを確立した。

$$Y_i = \alpha + \beta X_i + \gamma MO_i + \mu$$

ここで、YはイノベーションへのLoが貢献に関する指数を示し、XはR&Dパフォーマンスに影響を及ぼし得る技術者の属性情報（キャリア年数、専門的技術分野、経験技術分野の多様性）を示し、MOは技術者の移動状況を示している。本研究では、日本企業出身者とローカル技術者との間の属性の違いで生じるバイアスを調整するため、プロペンシティスコアマッチングの手法を用いた分析を行っている。ローカル技術者（untreated）と日本企業出身者（treated）との間のイノベーションへの貢献（量の面、高度化の面、質の面）を単純に比較すると、ローカル技術者と日本企業出身者の潜在的な能力の違いもパフォーマンスの違いに含まれてしまう。そこで、属性が似通ったペアをマッチングすることにより、ペア間でのパフォーマンスに違いがあるかどうかを調べることで、バイアスを調整していく。平均処置効果（ATE）は以下で定義される。$W_i=1$は処置ありを示し、$W_i=0$は処置なしを示す。

---

[3] Zellner, 2003；Zucker et al., 1996；Braunerhjelm et al., 2010.

$$Y_i = W_i Y_{1i} + (1-W_i) Y_{0i}$$
$$ATE = E(Y_1 - Y_0)$$

　マッチング後の日本企業出身者とローカル技術者との間で差が見られるかどうかを検定し、差が見られないのであれば、同レベルの技術者を使うのであれば日本企業出身者でもローカル人材でもパフォーマンスは変わらないということになり、有意な差が見られるのであれば日本企業出身者によるパフォーマンス向上効果があると言うことができる。本研究においては、STATA の psmatch2 というマッチング手法を選択した。

5.　結果

5-1.　日本企業出身者の量的イノベーションへの貢献

　日本企業出身者は、同レベルのローカル技術者と比較して、量的イノベーションに貢献しているのかについて分析を行った。具体的には、日本企業出身者はローカル技術者よりも、特許の生産性が有意に高いと言えるのかについて検証を行っている。表 4-3 はその結果を示したものである。本研究では、マッチング後の 2 つの群の有意差に関心があるため、有意差検定の結果のみを示している。マッチング前後の回帰分析の結果等の詳細にご関心のある方は、拙稿をご参照頂きたい。T 値が 1.96 より大きい場合「有意差あり」とされている[4]。マッチング後において「有意差なし」の場合とは、同じレベルの技術者であれば、日本企業出身者もローカル技術者も、その特許生産性は変わらないということを意味している。一方で、マッチング後に「有意差あり」とは、同じレベルの技術者であるならば、日本企業出身者の方が特許生産性が高い、すなわち日本企業技術者の方が量的イノベーションに貢献しているということを意味している。表 4-3 を見ると、サムスンに関しては、「有意差あり」となっており、それ以外の企業では「有意差なし」となっている。このことは、サムスンに移動した日本企業出身者は、ローカルのサムスン社員よりも特許生産性が高いこと

---

[4]　t≦2 であれば有意とは言えず、T>2 であれば有意である（差がある）とすることもある。

表4-3　日本企業出身者の技術力

	生産性		複雑技術の応用力		イノベーション力	
	T-stat	有意差	T-stat	有意差	T-stat	有意差
サムスン	3.63	あり	1.89	なし	0.37	なし
鴻海	1.55	なし	2.47	あり	0.75	なし
華為	1.69	なし	1.63	なし	-0.81	なし
LG	-1.75	なし	2.18	あり	2.28	あり
現代	-1.06	なし	-0.22	なし	0.58	なし

を示唆している。

　分析の結果、サムスン電子に移動した日本企業出身者は、同レベルのサムスン研究員よりも年間あたりの特許生産性が高いことが明らかになった。ノルマ等が課されているのかなど、日本企業出身者の特許生産性が高い理由については別途ヒアリング調査等を行わなければ明らかにはならないが、少なくともサムスンに移動した日本企業出身者は特許生産性が非常に高いということが言えそうである。

5-2.　日本企業出身者のイノベーション高度化への貢献

　次に、日本企業出身者は、東アジア企業のイノベーションの高度化に貢献したのかという点について分析を行った。具体的には、日本企業出身者が関与した特許は、ローカル技術者の関与した特許と比較して、複雑技術を組み合わせた特許が多いのか否かについて検証を行っている。表4-3は、その結果を示したものである。鴻海とLGについては「有意差あり」となっており、サムスン、華為、現代では「有意差なし」となっていることが分かる。このことは、鴻海とLGに移動した日本企業出身者は、同レベルのローカル技術者と比較して、複雑技術を組み合わせた特許の出願に関与しているということを示唆している。

　鴻海精密工業とLGエレクトロニクスに関しては、同レベルのローカル技術者よりも、日本企業出身者の方が、複雑技術を組み合わせた研究開発に従事し、成果を出しているものと思われる。このことから、日本企業出身者は、一部の東アジア企業のイノベーションの高度化に

貢献したと言うことができる。

5-3. 日本企業出身者の質的イノベーションへの貢献

さらに、日本企業出身者が東アジア企業の質的イノベーションに貢献しているのかについても分析を行った。具体的には、日本企業出身者が東アジア企業内において関与した特許の質は、ローカル技術者が関与した特許の質よりも高いのか否かについて検証した。表4-3は、分析の結果を示したものである。分析の結果、LGについては「有意差あり」となっているが、それ以外の企業では「有意差なし」となっている。このことは、LGに移動したR&D人材については、LGの同レベルのローカル技術者よりも、質の高い特許を産出しているということを示唆している。

第4節　小括

本章では、日本企業出身者のアジアのイノベーションへの貢献について、3つの側面から分析を行った。分析の結果、サムスンに移動した技術者については、量的イノベーションへの貢献が、鴻海に移動した技術者についてはイノベーションの高度化への貢献が、さらにLGに移動した技術者についてはイノベーションの高度化及び質的イノベーションへの貢献がそれぞれ確認された（表4-4参照）。本章では、プロペンシティスコアマッチングという手法を用い、類似した属性の技術者をマッチングさせた上で分析を行っている。このことは、キャリア年数や専門技術分野といった技術者属性が類似する技術者を活用するならば、日本企業出身者の方がローカル技術者よりもイノベーションに資するということを示唆している。もっとも、今回日本企業

表4-4　日本企業出身者のアジアのイノベーションへの貢献

イノベーションの性質	有無	企業
量的イノベーションへの貢献	○	サムスン
イノベーションの高度化への貢献	○	鴻海、LG
質的イノベーションへの貢献	○	LG

出身者のアジア企業のイノベーションへの貢献が確認されたのは一部の企業においてのみであるが、特に成熟企業であるサムスン、鴻海、LGという3社において、ローカル技術者よりも日本企業出身者の方がイノベーションに貢献し得るということの意義は大きいと考える。一方で、華為や現代では有意な差は現れなかった。このことは、同じレベルの研究者であれば、ローカル人材も日本企業出身者もパフォーマンスに違いがないことを示唆している。一般に、日本企業出身者を採用する場合には、ローカル人材よりも高給で雇われることが多いとされるが、類似のキャリア年数や専門技術分野にもかかわらずパフォーマンスに相違がないのであれば、外部人材を効率的に活用できていない可能性がある。

　これらの結果は、外部から優秀なR&D人材を採用してきたとしても、その効果の現れ方は企業によって、量の面での向上や技術の高度化、質の面での向上など異なっていることを示唆している。このように外部人材採用の効果の現れ方に違いが生じる原因としては、外部のR&D人材に、特許を数多く産出することを期待しているのか、複雑な技術開発を期待しているのか、より質の高い研究開発を期待しているのかが、各社によって異なることが影響しているのではないかと考えられる。

第5章
外国人技術者の活かし方

第1節　最適な研究ユニット構成

1.　各企業の研究ユニット構成

　前章までは、日本企業からアジア企業へと移動するR&D人材について、どのような人材なのか？　アジアの成功企業はどのような日本企業出身者を採用してきたのか？　について、客観的データを用いて分析を進めてきた。外部人材を活用する上では、誰を採用するかはもちろん重要であるが、その人材をどのように活用するかが非常に重要になってくる。特に、R&D人材のマネジメントの観点からは、採用した外部の技術者人材をどのような形で自社内の技術者と組み合わせて、研究開発活動に従事させるかが重要なのではないかと考えられる。

　研究開発において、外国人をどのようなバランスで組み合わせることが最も効果的なのかという研究については、これまでなされてこなかった。研究開発において、外国人を組み入れることは、これまでにない斬新なアイディアや他企業の技術を取り入れることができるなどメリットも多い一方、新しいアイディアや技術的課題の解決方法等について緻密な打ち合わせを要するものと思われ、言葉の壁をどう解決すべきかという問題もある。

　外部人材と内部人材の組み合わせ方としては、既存の内部人材（ローカル人材）の研究ユニットに、採用した外部人材（外国人材）を1人あるいは2人組み入れるという方法（図5-1・研究ユニットAタイプ）と、外部人材を複数人集めて同じ研究ユニットに入れるという方法（図5-2・研究ユニットBタイプ）が考えられる。前者の方法

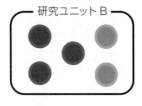

図5-1 外部人材のマネジメント

は、採用した外国人材の周りをローカル人材が取り囲む形となり、ローカル人材と外国人材が接触する機会を多く持つことにつながるというメリットがある。そのため、先端的な技術を有する技術者を外部から獲得してきて、社内のローカル人材に対して技術指導してもらう場合などに資すると考えられる。一方、後者のような研究ユニットは、採用された外国人材にとっては、同じ国出身の人材が身近にいることになり、外国人材が移動前に所属していた企業での研究環境と似た環境で研究を行うことができるというメリットがある。そのため、外部人材が効率的にアウトプットを出すことに資するのではないかと考えられる。

本研究では、分析に先立ち、各企業が出願している特許データを用い、採用した日本企業出身者をどのようなバランスで活用しているのかを調査した。その結果、サムスン電子やLGエレクトロニクスの特許ではBタイプ、すなわち複数の日本企業出身者と少数の地元（内部）人材を組み合わせた研究ユニットが多く見られることが明らかになった。一方、鴻海精密工業や華為技術の特許ではAタイプ、すなわち複数の地元技術者のグループの中に、日本企業出身者が1人、あるいは2人加わる形の研究ユニットが多く見られた。

このように、外部の技術者人材を採用した場合に、自社の技術者とどのような研究ユニットを組むかは、企業の外部人材採用の目的の違いによって異なるものと考えられる。すなわち、外国人技術者から多くを学ぶことを期待しているのか、あるいは、外国人技術者を戦力の一部と捉え、特許の量産を期待しているのかによって、研究ユニット構成が異なるのではないかと考えられる。サムスンやLGは、日本企業出身者を複数人同じ研究ユニットに投入する傾向がある一方、鴻海

精密工業、華為技術、現代では多くの場合1つの研究ユニットには日本企業出身者は1人か2人にとどまっている点については、以下の3つの理由が考えられる。第一に、サムスンやLGでは、日本企業出身者を複数人同じ研究ユニットで投入することにより、日本企業で行われている研究開発と似た製品開発を期待しているのではないかと推測される。第二に、サムスンやLGは、日本企業出身者を採用するため、日本に研究所を設置していることから、同じ企業出身者をターゲットにした採用活動が行いやすかったのではないかと推測できる。第三に、各企業の技術蓄積の度合いが影響しているのではないかと考えられる。すなわち、技術蓄積が進んでいるサムスンやLGでは、日本企業出身者から何かを学ぶことよりも、日本企業出身者に成果を産出することを期待しているのではないかと推測される。一方、技術蓄積の少ない華為技術や現代では、1つの研究グループに日本企業出身者は1～2人にとどめ、それ以外は現地人材を投入する研究開発体制を採ることによって、日本企業出身者と現地技術者との接点を増やし、より多くを学びたいと考えているのではないだろうか。もっとも第三の理由は、鴻海精密工業のように技術蓄積が進んでいるにもかかわらず、1つの研究グループにつき、日本企業出身者は1～2人ずつ投入しているケースを説明することが難しい。

2. 研究開発と言葉の問題

本章では、外国人材を活用する際、分散して活用した方が良いのか、集中して投入した方が良いのかという最適な研究ユニット構成について、実証的に分析を行っていく。

この点、Fleming（2004）は、プロジェクトメンバーの専門領域が多様であればあるほど、成果物としてのイノベーションの価値は下がるということを実証した。この原因として、プロジェクトメンバーの専門領域が多様である場合には、双方の共通言語が不足するために、「対話の質」が解釈的（interpretive）になるためと考えられている[1]。このことは、プロジェクトメンバー間での使用言語が多様である場合

---

1 林倬史、2008。

にも当てはまり、使用言語が多様であればあるほど、「対話の質」が解釈的になり、イノベーションの価値が下がるのではないかと考えられる。

　研究開発と言語との関係について、興味深い研究がある。尾高煌之助教授の『明治のお雇い外国人たちと産業発展の構造』では、明治期のお雇い外国人の人数の推移や給与、日本に与えた効果などについてまとめられている。お雇い外国人政策は、1868年頃から始まり、1874年をピークに漸減し、1898年頃に収束した。そして、日本人の代表的な発明（トヨタ自動織機（1891年）、ミキモト真珠（1896年）、アドレナリン（1901年）、グルタミン酸ソーダ（1908年）、ビタミンB1（1911年）、邦文ライター（1915年）、KS鋼（1918年））など、1900年前後に誕生している。日本の重要発明の多くが、お雇い外国人がいた時期ではなく、少し遅れて誕生している理由について、尾高（2008）は研究開発と言語との関係を指摘する。尾高氏は、東京大学の卒業論文を整理したところ、大正13年までは東大の卒業論文は英語で書かなければならないとされていたが、大正13年以降は英語であることが必須でなくなったところ、大正15年にはすべての卒業生が日本語で卒論を書くようになっていることに気づいたという。これらのことから、確かに最先端の技術は英語で学ばなければならないが、それを最終的に磨き上げるためには、自分たちの言葉（＝日本語）で考えることが重要だったのではないかと指摘する[2]。同様に、近年のアカデミックの世界では、英語で論文を書き、海外のジャーナルに投稿しなければ、評価されない状況にあり、英語で考え、英語で論文を書く研究者も少なくないと思われるが、それでも多くの日本人研究者の頭の中には日本語が介在していることだろう。実際、日本人のノーベル賞受賞者が「私は英語が苦手だ」と日本語でスピーチしたように、日本人による研究の多くはたとえ世界に発信されるものであっても、まずは日本語で考えられ、生まれることが少なくないものと思われる。これらのことは、研究は、自分の言葉で理解し、考えなければ、真に新しい革新は生まれないことを意味しているように思われる。このよ

---

[2] 尾高、2008。

うに、研究において、どの言語で考え、どの言語で成果物としてまとめるのかということは、非常に重要な問題である。

アジア企業が日本企業出身者を採用した際にも、言葉の問題が起こるだろう。すなわち、韓国、中国、台湾企業の社員の多くは、韓国語、あるいは中国語を母語とする一方、多くの日本企業出身者は日本語を母語とするものと思われる。多くの場合、英語でコミュニケーションをとるか、通訳を介するか、留学経験等を有し、両方の言語を話せる人材が間に入ることで意思疎通を図るものと思われる。しかし、言語の壁は高く、細かいニュアンスなどを外国語で説明することは非常に困難ではないかと思われる。したがって、外国人を採用し、うまく活躍してもらうためには、そのための環境整備、すなわち言葉の壁を超えるための工夫が必要となると考える。

特に、R&D人材の場合には、異なる配慮が必要になる。現地人材とのコミュニケーションの問題のみならず、どの言葉で考え、アイディアを醸成するかについても考えなければならないからである。この点、確かに、技術者にとっては英語が共通言語であると考えれば、日本人も中国人も韓国人も英語で考え、英語で議論すれば足りるということになるだろう。しかし、多くの日本企業内技術者は、英語等の論文や特許を読む機会は多いとしても、技術者同士では日本語でディスカッションを重ねながら研究開発活動を行っているものと思われる。したがって、日本企業技術者が外国企業へ転職したとしても、アイディアや構想は、日本語で考える機会が多いのではないかと予想される。したがって、日本企業出身技術者をより活用するためには、日本語で考えられる機会を多く提供した方が良いということになる。

この点、上記の研究ユニットAタイプでは、日本企業出身者の意見を地元人材が聞き、その意見を地元人材同士で理解しあうのに適しているのではないかと思われる。一方、研究ユニットBタイプでは、複数の日本企業出身者が同じ研究グループに所属しているため、日本語でコミュニケーションをとり、アイディアを出し合うのに適していると考えられる。本章では、サムスン電子やLGなどが多用する研究ユニットBタイプと、鴻海精密工業や華為技術などが採用する研究ユニットAタイプとでは、どちらの研究ユニット構成が研究開発パ

フォーマンスに資するのかについて実証的に分析を行っていく。

3. 効率的な研究ユニット構成

効率的な研究ユニット構成について多国籍の技術者人材をどのようなバランスで組み合わせることが最も効率的かということに関する先行研究は確認できなかった。そこで、取締役会に社外取締役を導入することの効果に関する企業統治分析[3]及び労働経済学におけるワークライフバランス分析[4]を応用適用し、後発企業が外部人材をどのように配置することが効率的かを検証することとした。齋藤（2011）及び宮島（2012）が指摘するように、社外取締役導入の効果は、比重だけではなく、人数にも意味があるため、導入ダミー、最適人数、比率の観点から分析を加えており、既存のユニットに外部者を投入する効果を考える際に応用する。また、最適人数を考える際には、山口（2009）及びYukawa（2012）らの研究を応用し、説明変数に各人数ダミーを用い、被説明変数への影響を分析する。

最適な研究ユニットについては、最適人数と最適比率の影響が考えられる。この点、外部人材比率の大小は、全体の技術者のサイズとの関係で決まるため、日本企業出身者が１つの研究ユニットに１人ずつ配置されていたとしても、全体の技術者数が少なければ比率は大きくなる。一方、研究ユニットに投入する外部人材の最適人数については、１つの研究ユニットに複数の日本企業出身者を投入することで、研究ユニット内で日本企業出身者同士が日本語でディスカッションをする機会が増え、共通言語を用いて研究開発に取り組むことができるものと思われる。研究開発にとって、共通言語でディスカッション等を交わしながら新しいアイディアを想起することは非常に重要な意味を有すると思われることから、外部人材を活用して研究開発を行う場合、採用した外部人材は複数人を固めて活用する方が、イノベーションの向上に資するのではないかとの仮説を設定し、検証を行った。

---

[3] 齋藤、2011；宮島、2012。
[4] 山口、2009；Yukawa, 2012。

第2節　外国人技術者はどう使うべきか？

　外国人技術者を使った研究ユニットについて、どのような人数、どのような割合で外国人を投入することが、最も研究開発パフォーマンスに効果的なのかについて分析を行った。分析の結果、研究開発パフォーマンスの量的向上にとっては、外国人人材を何人ずつ投入したとしてもプラスの効果が現れるという点において違いがないことが明らかになった。一方で、研究開発の質的向上にとっては、外国人人材は3人以上まとめて投入することが効果を発揮する要件であるということが、さらに、日本企業出身者割合については、研究開発パフォーマンスに影響を及ぼさないことが明らかになった（表5-1参照）。

　この結果は、外国人技術者を採用した場合に、特許の量産を期待するのであれば、どのような研究ユニットに組み込んでも一定の効果が期待できるが、質の高い特許を生み出すためには、外国人を1つの研究ユニットに3人以上投入することが良いということを示唆している。この原因については、やはり言語の問題が大きく影響しているのではないかと考えられる。質の高い特許を生み出すためには、技術的課題の改善や新たなアイディアの創出に向けて、綿密なディスカッションや情報共有が必要になるものと思われる。日本人が韓国語でコミュニケーションを図ることは難しいと思われ、また日本人と韓国人が英語を介してコミュニケーションをとることも、細かい内容まで要求すれ

表5-1　最適な研究ユニット構成

	R&Dパフォーマンスの量的向上	R&Dパフォーマンスの質的向上
1人ずつ投入	プラスの効果**	効果なし
2人ずつ投入	プラスの効果**	効果なし
3人ずつ投入	プラスの効果*	プラスの効果*
4人ずつ投入	プラスの効果**	プラスの効果*
5人ずつ投入	プラスの効果**	プラスの効果*
日本企業出身者割合	影響なし	影響なし

注：**：5%レベルで統計的有意
　　*：10%レベルで統計的有意

ば相当難しくなるものと思われるからである。したがって、日本人が日本語で考え、日本語でディスカッションができる環境を確保するという意味においても、1つの研究ユニットに3人以上日本企業出身者を投入することが、質の高い特許につながると考えられる。

　このように考えると、1つの研究ユニットに少数の日本企業出身者を投入する（研究ユニットA）タイプの鴻海精密工業よりも、複数人の日本企業出身者を投入する（研究ユニットB）タイプのサムスン電子の方が正しい日本企業出身技術者の使い方をしていたということになる。それでは、鴻海の外国人材マネジメントは間違っていたのであろうか。この点、前出の鴻海グループを率いる郭台銘総裁は、2013年に日本人による研究開発チーム作りを命じ、日本の大手電機メーカー出身者たちによる研究ユニットが作られ、最先端の製品開発に取り組んでいるという[5]。すなわち、外国人材マネジメントにおいて、研究ユニットAのタイプから研究ユニットBタイプへとシフトしているのではないかと考えられる。結果的には、とにかく研究開発を推し進め、世界のトップメーカーの仲間入りを果たすまでは、外国人技術者から直接技術を学びやすい研究ユニットAタイプを選び、最先端の技術開発で世界に打って出ようというときになればR&Dの質の向上に資する研究ユニットBタイプを選んでいることになる。もっとも、筆者が知る限り、本研究のように「外国人を何人ずつ組み合わせることが研究開発効率を上げるか？」というような研究はこれまでなされていないので、鴻海の研究ユニットAタイプからBタイプへのシフトチェンジは、一代で年商13兆円の企業を築き上げた郭台銘総裁の優れた経営センスがなせる業なのかもしれない。

　また、研究開発パフォーマンスに影響を与えるのは、外国人投入割合ではなく、外国人投入人数であるという点も非常に興味深い結果となった。チーム全体の人数が少なければ、チーム内での外国人割合は高まり、発言権等も強化されるように思われるが、実際には外国人割合が重要なのではなく、チーム全体の人数にかかわらず、外国人を3人以上固めて投入することに意味があることを示唆している。その理

5　NHKクローズアップ現代「ものづくり潮流に異変」2014年6月4日。

由については、やはり言葉の問題が考えられる。同じチーム内に、同じ言語の人が複数人いるということが、解釈的な対話ではなく、自分たちの言葉で話すことができ、パフォーマンスにプラスの影響を与えたのではないかと解することができる。

第3節 分析手法及び結果

1. データ

最適な外部獲得人材とローカル人材の組み合わせについて分析するため、日本企業から韓国企業へと移動した技術者が移動先企業でどのような研究開発ユニットに組み込まれ、その研究開発ユニットが移動先企業の研究開発パフォーマンスにつながっているかを検証する。中国及びその他アジアに関するデータも含めて分析することも考えられるが、日本企業出身者を採用する割合が韓国企業と比べて低いため、統計結果に偏りが生じ得ることから、今回は韓国企業の出願特許に限定して、分析を行った。

まずは、日本の電機企業が出願したアメリカ特許と韓国企業が出願したアメリカ特許の発明者名をすべて抜き出し、重複する氏名を抽出する。同姓同名の別人の可能性が高い氏名をデータから除外し、日本企業から韓国企業へ移動した発明者を抽出する。移動発明者すべてにつき、移動元企業および移動先企業を特定し、移動先企業で関与した特許につき、出願年、発明者総数、移動発明者数等を算出する。韓国の電機企業222社につき、1999年から2013年までの15年間における研究開発パフォーマンスと日本企業出身者を含む研究開発ユニットの有無及び日本企業出身者割合を算出し、パネルデータセット（unbalanced data）を作成する。

2. 変数

2-1. 被説明変数

本検証では、外部獲得人材を含めた研究開発ユニットの構成が、企業のパフォーマンスに与える影響について分析を行うことを目的とし

ている。そこで、被説明変数として、量的なパフォーマンスの変化及び質的なパフォーマンスの変化を用いた。具体的には、量的なパフォーマンスについては、1年間に出願した特許の件数で表し、質的なパフォーマンスについては、1年間に出願した特許に関する被引用度を用いて表している。

2-2. 説明変数

研究開発ユニットの構成が、企業パフォーマンスに与える影響について分析を行うため、説明変数には研究開発ユニットに関する変数を用いる。具体的には、外部から獲得してきた人材を既存の内部人材の中に何人ずつ投入することが効果的かを分析するため、外部人材投入人数ごとのダミー変数を設定した。また、既存の内部人材の中にどの程度外部人材が入るかもR&Dパフォーマンスに影響を与えるものと思われる。同じ立場の人の割合が高い程発言力が高まるなど効果を発揮するのではないかと思われるからである。そこで、外部人材と内部人材の投入割合も説明変数として用いた。

2-3. 制御変数

制御変数としては、企業規模、産業ダミー及び年ダミーを用いた。各社の企業規模については、Mergent Online[6]の財務諸表データベースを利用し、各年の売上高を用いた。産業ダミーは、SIC Code（スタンダード・インダストリアル・クラシフィケーション・コード）を用いている。SICコードとは、4桁の数字で表される産業分類番号であり、産業分野を各機能と製品によって定義するためにアメリカ政府により定められたものを言う。

3. 検証方法

外部人材と内部人材を組み合わせた研究ユニットが、企業パフォーマンスに与える影響について分析するためここでは、以下のようなモデルを推計した。

6　JETRO図書館のMergent Onlineを利用。

$$Y_i = \alpha + \beta_1 \times \mathrm{Exi} + \beta_2 \times \mathrm{Pex} + \beta_3 \times \mathrm{inv} + \beta_4 \times \mathrm{m} + \varepsilon$$

Yは特許生産性を表しており、量で測った企業パフォーマンスと質で測った企業パフォーマンスの両面から分析を行った。ここで、特許件数を用いて、量で測った企業パフォーマンスを表し、被引用度を質で測った企業パフォーマンスの代理指標として用いている。Exiは、1つの研究ユニットにおける外部人材の投入ダミーを示している。Pexは、外部人材と内部人材の割合を示している。次に、invは発明者数（対数）、mはその他制御変数を示している。

4. 結果

表5-2は、1999年から2013年の15年間について、韓国企業222

表5-2 研究ユニット構成がR&Dパフォーマンスに与える影響

	量的R&Dパフォーマンスの向上に与える影響			質的R&Dパフォーマンスの向上に与える影響		
	ランダム効果モデル			ランダム効果モデル		
1人ずつ投入ダミー	+**			+		
2人ずつ投入ダミー	+**			+		
3人ずつ投入ダミー	+*			+*		
4人ずつ投入ダミー	+**			+*		
5人ずつ投入ダミー	+**			+*		
1～2人投入ダミー		+			+	
3人以上投入ダミー		+*			+**	
日本企業出身者割合			−			+
定数項	+	+	+	−***	−***	−***
産業ダミー(四桁SICコード)	あり	あり	あり	あり	あり	あり
年ダミー	あり	あり	あり	あり	あり	あり
発明者規模ダミー	あり	あり	あり	あり	あり	あり
Obs	394	394	394	283	283	283
R-sq	0.2769	0.2662	0.2524	0.2426	0.2292	0.2007
ハウスマン検定	0.321	0.997	0.592	0.063	0.514	0.806

注：***：1%レベルで統計的有意
　　**：5%レベルで統計的有意
　　*：10%レベルで統計的有意

社のパネルデータによって、外部人材の活用方法が企業のパフォーマンスに与える影響について分析した結果を示したものである。ここでは分かりやすくするため、一部省略して表記しており、さらに詳しい統計結果を知りたい方は、拙稿をご参照頂きたい[7]。本検証では、量的イノベーションと質的イノベーションについて、固定効果モデル及びランダム効果モデルによって分析を行った。ハウスマン検定の結果、いずれもランダム効果モデルが支持されたため、以下においてはランダム効果モデルの結果についてのみ議論する。

まず、投入人数に関するダミーについて見ると、量的イノベーションに関しては、1人ずつ投入ダミーから5人ずつ投入ダミーまで、すべての人数について有意にプラスとなっている。一方で、質的イノベーションに関しては、3人、4人、5人ダミーのみ有意にプラスとなった。また、3人以上投入ダミーについては、量的イノベーションと質的イノベーションの双方について、有意にプラスとなった。一方、日本企業出身者割合については有意とはならなかったが、量的イノベーションに対してはマイナス、質的イノベーションに対してはプラスとなっている。

これらのことから、特許の数を増やすことを目的にするならば、後発企業内の研究ユニットに、日本企業出身者を何人投入したとしてもプラスの効果があるという点において違いは生じないが、質の高い特許を生み出したいと考えるのであれば、一つの研究ユニットに日本企業出身者を3人以上投入することが好ましいことを示唆している。

第4節　小括

本検証の結果、研究ユニット構成がR&Dパフォーマンスに影響を及ぼすことが明らかになった。外国人人材を採用した場合には、複数人を同じグループに入れた方が効果的と言える。特に、質的な側面においては、外国人人材は3人以上まとめて同じグループに入れた方が、パフォーマンスが向上することが明らかになった。

---

[7] 藤原「後発企業の外部人材活用による学習効果に関する実証分析」、東京大学大学院博士論文、2015年。

この原因として考えられるのは、言語が異なる技術者同士が同じ研究ユニットで研究開発を行う場合には、1人だけ異なる言語の者を投入するよりも、複数人同じ研究ユニットに投入することで、より円滑なコミュニケーションの機会を確保することができ、研究開発の効率性向上に資するためではないかと考えられる。まさに、サムスンやLGは日本企業出身者を複数人同じ研究ユニットに投入しており、外国人材を効果的に使うためのユニット構成を採用していたことが分かる。これらの企業の外国人材活用戦略が意図的なのか偶然なのかは定かではないが、外国人材の能力と作業量を最大限引き出すマネジメントがなされていたと言えるだろう。
　この結果は、日本企業の外国人材マネジメントにも応用可能であると考える。これまで、日本企業は外国人材の使い方が不得手だと言われてきた。一般的に、日本企業の海外進出では、日本の本社から派遣した社員がトップに立って指揮を執るものの、現地社員との間に軋轢が生じるなど、コミュニケーションの難しさが指摘される。また、海外に研究開発拠点を設けるケースでは、技術流出への懸念から日本の本社から多くの技術者を派遣して現地で研究開発に従事させており、現地技術者にはデータや技術を開示せず、補助的作業に従事させるなど、現地技術者をうまく活用できていないと指摘される。しかし、少子高齢化が進む中、新興国経済の重要性はますます増しており、日本企業にとっても新興国への進出、そして現地人材の活用は喫緊の課題である。特に、新興国ニーズに合致する商品開発の観点からは、現地技術者を効率的に活用することが重要になると考えられる。
　本研究で得られた結果から、海外で研究開発を行う際に、現地技術者の効果的な活用のためには、複数人を同じグループに入れる方が、研究開発の質の向上やイノベーションの創出につながる可能性があることが示唆された。現地の技術者を積極的に採用したうえで、彼らが現地の言葉で考え、アイディアを出し合う環境を整備することで、彼らの能力を最大限に引き出せば、日本人にはない発想に基づく新たなイノベーションを生み出す可能性を広げることができるのではないだろうか。
　さらに、正確なことは実証研究を経なければ明らかにできないが、

このことは一般的なチームの多様性にも当てはめることが可能なのではないかと推測される。近年、ダイバーシティ（多様性）の推進のため、外国人や女性を積極的に採用する企業や組織が増えている。例えば、外国人留学生を正規社員として採用したり、女性を役員として登用したりするケースが挙げられる。このような場合、特に、ディスカッションをしたり、アイディアを出し合うような役職の場合には、特定の部署に外国人を1人だけ配属したり、多数のボードメンバーの中に1人だけ女性を採用するなどの方法では、効果を発揮できない可能性があるのではないかと思われる。すなわち、外国人や女性を採用し、活躍を期待するのであれば、既存のグループに1人、2人だけ外国人や女性を投入するのではなく、3人以上入れることによってそれぞれが意見を出し合い、グループ全体のパフォーマンス向上につながる可能性があるのではないかと考える。このように、本研究では、多様性を推進する場合には、全体の割合だけではなく、部署ごとの構成にも配慮することの重要性が示され、ダイバーシティのあり方が全体のパフォーマンスに影響を与える可能性が示唆された。

第6章

キャッチアップと外国技術

第1節　中国・韓国のキャッチアップ

1．キャッチアップ型工業化論

　前章までにおいて、東アジア新興企業による日本企業技術者を活用した研究開発や人材マネジメントについて、データを用いた実証分析の結果を述べてきた。アジア新興国企業が、日本企業技術者を雇用して、技術を獲得することについては、技術漏洩・技術窃盗と批判する声も少なくない。しかし、外国技術を活用して工業化を実現し、先発国にキャッチアップするという過程は、アメリカや日本も経験してきたことである。本章では、20年前には、日本企業よりもはるか後方にいたアジアの新興国企業が、急速にキャッチアップに成功できた要因に関する理論的枠組みについて、外国技術借用の観点から先行研究を中心に詳しく見ていきたい。

　これまで、キャッチアップ過程については、アメリカや日本、アジア各国のキャッチアップ過程に関する研究など、マクロレベルの分析を中心に行われてきた[1]。後発国や後発企業のキャッチアップについては、古くは、ガーシェンクロン[2]の議論にさかのぼり、ヨーロッパに追いつくアメリカの工業化過程や欧米に追いつく日本の工業化の研究が行われてきた。これら後発国の工業化パターンは、後発国は先発工業国がそれまでに開発した技術や知識を利用できるという優位性を

1　Gerschenkron, 1962；赤松、1972；大川、1976；Abramovitz, 1986；末廣、2000、2014。
2　Gerschenkron, 1962.

持つというガーシェンクロンの「後発性の優位論[3]」と、先発国のある産業における「輸入、生産、輸出」というサイクルが、時間差で後発国でも生じるという赤松の「雁行形態論[4]」によって説明される[5]。さらに近年では工業化で急成長を遂げた東アジアに関する研究が多くなされている[6]。アジア各国のキャッチアップに関する研究では、世界銀行の『東アジアの奇跡[7]』、韓国に関するアムスデン、ウェストファル、金泳鎬の研究[8]、台湾に関するウェード、渡辺、朝元らの研究[9]が代表的である。

これらの後発国の工業化論では、後発国や後発企業のキャッチアップは、より進んだ国や企業から借用できる技術革新のバックログ（備蓄）を利用することで、急速な成長が可能になったと説明される。すなわち、ヨーロッパやアメリカ、日本のキャッチアップは、先発国の辿った経路を急速に駆け上がることで実現したと説明できる。また、韓国や台湾などは、海外から技術を導入し、技術集約度の低い分野から次第に高い分野へと移行していく発展パターンを辿っており、キャッチアップ型工業化の典型的な成功事例と言われている[10]。

また、キャッチアップ過程では、人的資本や社会の受容能力が大きく影響すると指摘される[11]。経済成長に対する人的資本の影響に関する研究は、1960年代のクズネッツの研究[12]などにさかのぼり、各国の人的資本蓄積の度合いや速さの違いが、格差や経済成長に影響を与えることが指摘される。また、開発経済学でも、頭脳の能力が富の創造につながるとされ、開発への人的能力の寄与が指摘された[13]。さらに、グールドとラッフィンは、人的資本の蓄積水準は技術吸収にプラ

---

[3] Gerschenkron, 1962.
[4] Akamatsu, 1962.
[5] 末廣、2000。
[6] Amsden, 1989；Wade, 1990；World Bank, 1993；Chang, 1993；Page, 1994；Lee, 2005.
[7] 1997年のアジア通貨危機以前の東アジアの経済発展に関する研究である（World Bank, 1993）。
[8] Amsden, 1992；Westphal, 1990；金、1988。
[9] Wade, 1990；渡辺、1982；朝元、1996。
[10] Perez & Soete, 1988；Amsden, 1992；Hobday, 1995；末廣、2000；吉岡、2006a；赤羽、2007；佐藤、2008；末永、2012。
[11] 中岡、1990；末廣、2014。
[12] Kuznets, 1966.
[13] Arndt, 1989.

スの効果を与えるとの実証分析を行った[14]。また、世界銀行の『東アジアの奇跡[15]』でも、東アジアの成長要因として、高い教育水準の人的資本の蓄積を挙げている。このように、キャッチアップ過程において、高い教育水準の人材が十分に存在することは、重要な要素の1つであると考えられる。このことから、工業化過程では、各国は高い教育水準の人的資本の蓄積を目的に、国内の教育環境の整備や、教育投資政策、先進国からの人材流入の緩和政策などに力を入れてきた[16]。

2. リープフロッグ現象

近年、既存の工業化論では説明し尽せないほど急成長を遂げるケースが生じている。例えば、韓国や台湾の企業は、かつてないスピードで世界のトップメーカーの仲間入りを果たした。また、中国は、韓国や台湾のような東アジアやASEANなどよりもはるかに遅れて工業化が始まったが、先行する東南アジア諸国を飛び越えて成長するリープフロッグ現象（leapfrog）が起こっている。このリープフロッグ現象とは、直訳すれば「かえる跳び現象」となり、先を行っていた国を一気に飛び越えるという意味と、従来のように軽工業から重工業へというキャッチアップのステップを飛び抜かすという2つの意味で用いられている。このような近年の中国や韓国に代表されるリープフロッグ現象は、「キャッチアップを超える現象」と表現することができる。

これまで、欧米や日本等の先進国多国籍企業（先進企業）の外部知識獲得については様々な先行研究がなされてきた。一般的に外部知識の獲得には、先端技術や知識を獲得するという動機と現地の消費者ニーズとの合致を図るという動機の2つがあると指摘される。例えば、前者については先進国企業が、海外に設置する研究開発拠点と技術や知識の流れを分析した研究などがある[17]。また、先進国が新興国において研究開発を行う事例に関する研究としては、Kuemmerle（1997），Birkinshaw（1998），Immelt（2009），Govindarajan（2011）などが挙げられる。これらの研究は、いずれも先進国企業を主体とし、先進

---

14 Gouled & Ruffin, 1995.
15 World Bank, 1993.
16 柳、2004；戸堂、2008。
17 Kuemmerle, 1997；元橋、2012。

国企業が上記2つの動機に基づき、研究所の設置、共同研究の実施等により外部知識を獲得する過程に焦点を当てたものである。

一方、新興国企業を起点とし、新興国企業がどのような研究開発体制を採用し、どのように外部知識を獲得しているのかについては、これまであまり研究が蓄積されてこなかった[18]。その背景には、新興国は、先進国企業の生産拠点、販売拠点に過ぎないと見られており、独自の技術や製品を開発するだけの技術力を有しないとみなされていたことが考えられる。しかし、現在の東アジアの一部の企業の中には、先端の技術開発を行うなど、既に先進国企業に技術的にもキャッチアップを果たしている企業もある。後発企業が先進企業との技術的ギャップを埋める際に、外部知識をどのように活用してきたのかを分析することは、新しい知識の流れを考える上で重要な視点となり得るものと考える。そこで、本章では、後発企業が、先端的な技術を有する企業からどのように技術を獲得し、学習することを通して、キャッチアップを実現し得たのかについて、先行研究を通して考察を加えていきたい。

第2節　効率的な技術導入

1. キャッチアップ過程

なぜ、近年の韓国や台湾、中国がこれほどまでに急速にキャッチアップを超えることができたのであろうか。その原因として、効率的な技術導入や研究開発の効率化により技術力を向上させることができたことが考えられる[19]。後発企業がキャッチアップを実現するためには、先発企業が開発した技術や知識をどれだけ円滑に取り入れることができるかが重要である。技術移転のチャネルとしては、直接投資、技術導入契約、資本財（機械装置）の輸入という3つが挙げられる。

---

[18] 新興国企業が途上国の所得水準、需要、社会環境に適合的な製品を開発する活動に関する研究として、丸川（2012）, 丸川・駒形（2012）がある。
[19] Lee & Lim, 2001；Lee, 2005；湯、2009；吉岡、2010；朝元、2011；川上、2012；馬場、2013；末廣、2014 など。

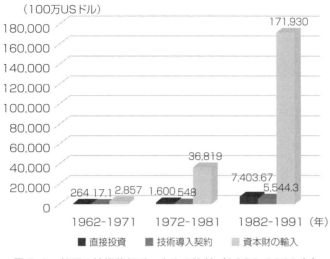

図 6-1　韓国の技術移転チャネルの比較（1962-1991 年）

　韓国は技術移転のチャネルを効果的に使い分け、効率的な技術導入に成功したケースと言われている。韓国のケースでは、図6-1に示した通り、3つの技術移転の手段のうち、資本財の輸入が圧倒的に大きな金額を占めていた[20]。この点、アジアの他の国々では、直接投資による技術導入への依存が大きな割合を占めていたのと対照的である[21]。先進国の直接投資が後発国の技術導入に及ぼす影響について、戸堂（2008）は、先進国企業が後発国において生産を行うだけでは知識のスピルオーバーは起きないことを実証的に示しており[22]、韓国の「資本財の輸入」という技術輸入型技術獲得戦略は、結果的に正しかったと言えるのかもしれない。また、図6-2に示した通り、韓国の資本財の輸入先は、アメリカ国やその他の国と比較して、日本からの輸入が最も大きなシェアを占めていた。このように韓国は、先進国、とりわけ日本からの資本財を輸入することによって先進国の技術を短い期間で学習し、発展させ、独自の改良プロセスへと技術開発を発展させ

20　Kim, 1997.
21　馬場、2013。
22　戸堂、2008。

第 6 章　キャッチアップと外国技術　　153

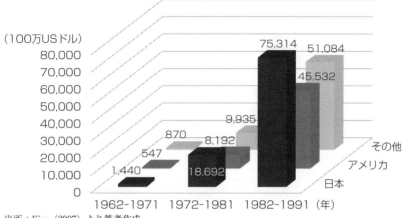

図 6-2 韓国の資本財輸入の相手先（1962-1991 年）

た[23]。

　以上のように、韓国企業は、1980 年代以降、日本やアメリカ等の先進国で開発された製造装置を輸入することで、生産に必要な技術やノウハウを獲得したと言える。次節で詳述するが、キャッチアップは製造経験の蓄積に基づく「製造学習」、最終ユーザーとしての経験の蓄積に基づく「利用学習」、高度な製造装置の利用に伴う「統合学習」として説明されてきた。先進国から製造装置を購入し、技術を学習する韓国のスタイルは、かつて日本が欧米から機械や製品を輸入し、技術を学習した経験とも重なるものである。したがって、1980 年代から 2000 年代前半までの韓国や台湾企業等のキャッチアップ過程は、「利用学習」の延長線上で把握することができたのではないかと考える。

2. キャッチアップを超えて

　前述の通り、近年の中国や韓国は日本等の先進国が経験した工業化をはるかに上回るスピードで急成長を遂げており、既存のキャッチアップ論では、このような「キャッチアップを超える現象」を説明す

---

23 馬場、2013。

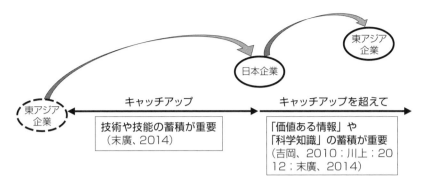

図6-3　キャッチアップを超えて

ることができない。この点、キャッチアップの過程においては、改善や改良に必要となる技術や技能の蓄積が重要となるのに対して、キャッチアップを超えた追い抜きの過程では、「科学知識」や「価値ある情報」が重要になってくると指摘されている[24]。キャッチアップを超えるためには、先進企業がその時点で完成させている技術以上に先端的な技術の開発を進めていかなければならないからである。

　技術や技能は、特許や科学雑誌、学会発表などの公的情報やリバースエンジニアリング等を通して入手することが可能である。このように、客観的で言語化できる情報については伝達が比較的容易と言えるからである。しかし、「価値ある情報」やコツ、ノウハウなどのようにまだ形式化されていない暗黙知的な知識は、個人に体化しているにとどまっており、伝達することが非常に難しい。このため、キャッチアップを超える技術学習を実現するためには、暗黙知的知識が体化した「ヒト」を直接獲得することが効果的である。この点、欧米企業における先端的技術の獲得や企業成長に関しては、移動人材が知識の運搬役として大きな役割を果たしているのではないかとの実証研究が、多くなされている[25]。例えば、シリコンバレーに代表される先進国のハイテク企業集積地では、高い人材流動性によって、イノベーション

24　末廣、2014；吉岡、2010；川上、2012。
25　Maurseth & Verspagen, 2002；Breschi & Lissoni, 2003；Agrawal et al., 2006；Trippl & Maier, 2010.

が加速化されたと言われている。一方、アジア地域では、人材の流動性が低かったこともあり、移動人材に関する研究はあまり積み重ねられてこなかった。しかし、近年では、東アジア地域における高度人材の流動性が高まりつつあり、移動高度人材が東アジア域内の知識伝播やイノベーションに与える影響も無視できないものになっていると考える。特に、サムスンや鴻海に代表される東アジア企業が、急速な技術的キャッチアップを果たし、先端的な技術開発が行えるようになった背景には、日本等の先進企業から技術者人材を採用し、人に体化した技術を獲得したことが少なからず影響を与えたのではないかと考えられる。前章までで見た通り、アジア企業は多様な技術分野における豊富な経験を有する優秀な人材を各社のニーズに合わせて的確に見極めた上で、活用していることが明らかになったからである[26]。キャッチアップをする上で、自前で研究開発を行ったり、人材育成を行ったりするよりもはるかに時間とコストを短縮でき、それが一足飛びの成長につながった可能性は否定できない。

第3節　人材育成の難しさ

1. 東アジアの技術学習

　1980年代の中国や韓国と日本等の先進国との間には、過去の後発国と先進工業国との間の技術ギャップとは比較にならないほど大きな技術格差が存在した[27]。この技術格差を東アジア企業はどのようにして埋めていったのであろうか。前述の通り、企業の技術学習に関しては、「製造学習」（learning-by-doing）、「利用学習」（learning-by-using）、「統合学習」（learning-by-integrating）という学習過程へと推移してきた。すなわち、アメリカの航空機産業の技術進歩は、製造経験の蓄積に基づく「製造学習」により説明され[28]、日本の鉄鋼産業の技術進

---

[26]　藤原「フォロワー企業の外部人材活用による学習効果に関する実証分析」、東京大学大学院博士論文、2015。
[27]　金、1998；Mu & Lee, 2000。
[28]　Arrow, 1962。

歩は、製造学習に加えて、最終ユーザーとしての利用経験の蓄積という「利用学習」により説明された[29]。一方、2000年代前半まで韓国企業の技術成長は、次章で詳述するように、情報処理技術の進展により暗黙知的な技術や技能が形式知化され、機械装置に体化されたことによって、その機械装置の購入・利用を介して技術を学習するという「統合学習」として説明された[30]。また、台湾企業も1980年代後半以降、日本企業からの直接投資、技術移転、機械装置の輸入により徐々に技術ギャップを埋めていった[31]。このように、近年の情報処理技術の飛躍的進展に伴う高度な技術情報の形式知化が、韓国や台湾企業の急速な技術学習を可能にしたと言える。

しかし、技術導入契約や機械装置の輸入は、韓国、台湾、中国だけではなく、他のアジアでも同様に行われてきた。それにもかかわらず、東南アジアの企業等は、未だ先進国企業の工場として利用されるにとどまる一方、東アジア地域の新興企業は技術的に先進企業に並ぶことに成功している。この違いは、技術を学習できたか否かによるものと思われる。すなわち、受け入れ先企業内の人材が、単に輸入した機械装置を動かす作業に従事するにとどまるのか、あるいは輸入した機械装置から技術や知識を学習するようになるのかの違いが、飛躍的成長可能性に大きな相違をもたらしたのではないかと考える。企業の持続的成長や技術革新のためには、それを担う人材が不可欠だからである。『東アジアの奇跡[32]』でも指摘された通り、東アジアの高成長の主要因は教育水準の高さに求められ、先進国からの技術導入と同時に、優秀な人材の育成を進めていたことが、受け入れ技術を活かした経済成長につながったのではないかと考えられる。

特に、韓国は少資源国であることから、科学技術と人材が重要資源との認識を極めて強く有しており、科学技術人材の育成には1960年代から力を入れてきた。Kim（1997）は、韓国の工業化では、先進国で開発された製品や製法をいかに効率的に借用するかが重要な課題で

---

29 Rosenberg, 1983. 中岡（1990）は、1890年代の日本の製造業における技術的キャッチアップを learning-by-making と分析した。
30 児玉、2008。
31 赤羽、2004。
32 World Bank, 1993.

あったが、その際最も重視されたのが、研究開発活動に従事する技術者のスキルや知識を向上させることであったと指摘する。朴正熙（パク・チョンヒ）大統領（1963～1979年）は、工業化を積極的に推進し、在任期間中にはGDP成長率が年平均9％に達するなど、「漢江の奇跡」と呼ばれる経済成長を実現した。朴大統領の実績として今も高く評価されているのが、韓国科学技術研究院（KIST）をはじめとする公的研究機関の整備である。このような人材育成のための政策によって、最貧レベルにあった韓国の科学技術のレベルは一気に引き上げられたと言われる[33]。

2．外部人材の雇用

以上のように、東アジアでは人材育成にも力を入れ、技術学習を進めてきた。しかし、以下の3つの理由から、既存の学習論では、2000年代後半以降の韓国や中国企業の急成長を説明し尽せないと考える。第一に、一部の東アジア地域新興企業の中には、日本企業に追いつくだけではなく、追い抜き、先頭の座を維持している企業が現れており、このスピードはこれまでのキャッチアップ以上である点が挙げられる。また、中国企業等では、リープフロッグ現象（かえる跳び現象）が起こっており、雁行形態的なキャッチアップ論で提唱された軽工業から重工業へというサイクルを飛び越えて、IT産業を中心に急速に技術革新が進んでいること等が挙げられる[34]。第二に、確かに2000年前後から、韓国や台湾企業は日本からの技術移転を受け、機械装置に体化した技術を学習することで急速にキャッチアップを果たしたが、これに対して日本企業側は製造ノウハウのブラックボックス化で対抗するようになった。そのため、機械装置に体化した暗黙知的なノウハウを、リバースエンジニアリングを通して取得することは難しくなり、2000年代後半以降の技術学習を「統合学習」という概念で説明することは難しいと考えられる点を挙げることができる。第三に、確かに韓国企業は日本から大量の資本財を輸入したが、中国企業は必ずしも

---

[33] 科学技術振興機構・研究開発戦略センター「科学技術・イノベーション動向報告～韓国編～」2013。
[34] 湯、2009；末廣、2014。

日本からの資本財の輸入に頼って技術的成長を成し遂げたわけではないことから、中国企業の技術的キャッチアップを韓国と同列に「統合学習」で説明することは難しいのではないかと考える。

　そこで、中国・韓国・台湾企業のリープフロッグ現象には、「統合学習」以外の新たな技術学習がその背景にあるものと考えられる。この点を明らかにするためには、これらの企業に共通する要因を抽出することが重要な手掛かりとなり得る。これまでの技術学習理論では、技術移転契約や機械装置の購入契約等を通じて、機械に体化した技術やノウハウを習得する過程が説明されてきた。しかし、近年の東アジア企業の技術学習は、機械に体化した技術の習得から、ヒトに体化した技術の習得へと変化してきたように思われる。近年、東アジア企業では日本やアメリカ等の先進国の人材を積極的に採用しており、技術移転に大きな影響を与えている可能性があることが指摘されている[37]。本研究でも、客観的データにより、日本企業から東アジア企業へ多くの人材が移動していることが確認された。また、Song et al.（2003）も、技術移転において外部人材の活用が大きな影響を与えることを指摘している。さらに、Ernst et al. も学習者が効率的にノウハウを蓄積するには、同じ分野の専門家や経験者の下で経験を積み重ねることが効果的であると指摘する[38]。これらのことから、2000年代後半以降の中国・韓国・台湾企業のリープフロッグ現象においては、「外部人材を雇用することによる技術学習：雇用学習」（learning-by-hiring）という新しい技術学習が重要な役割を果たしているのではないかと考える。

3. 東アジアと日本の技術学習の相違点

　韓国は、1960年代以降、科学技術人材の育成に力を入れてきたが、一般に人材資源の形成には長い年月を必要とするため、企業の経済成長に結びつけるまでには時間がかかる。そのため、韓国企業では、1970年代以降、日本企業から技術顧問という形で技術者の派遣を依

---

[37] 吉岡、2006b。
[38] 吉岡、2006b。

頼することで、高度技術の使い方を自社社員に指導できる人材を企業内に取り込んだとされる[39]。すなわち、機械装置を海外から輸入し、それでは補えない技術・技能部分に関しては、海外の先発企業から経験を積んだエンジニアを技術顧問として招聘することによって、技術的なキャッチアップを進めていった。具体的には、韓国企業では、日本企業で既に同じ世代の製品を開発・生産した経験のある技術者を技術顧問としてスカウトすることによって、既存の機会装置の購入だけでは足りない技術やノウハウを獲得しようとした[40]。日本企業から採用した技術顧問は、2000年代前半まで継続的に採用され、キャッチアップ段階での開発を指導したが、2000年代後半以降技術顧問の採用が減少したと言われている[41]。2000年代後半以降は、先進企業出身者を技術顧問として招聘する代わりに、実際に研究開発に従事する技術者を採用することで、企業の技術レベルを引き上げてきたのではないかと考えられる[42]。このように、東アジア企業は技術学習のために、社内の人材育成のほか、先進国から輸入した製造装置を操作・指導できる技術顧問の招聘、そして新たな技術開発のための外部人材の採用等、外部人材の積極活用によって最先端技術の採り入れに成功したと言える[43]。

　一方、日本の殖産興業政策でも、技術移転を進めるため多くの外国人技術者を招聘するいわゆるお雇い外国人という方式が取られた。しかし、彼らの帰国後は、日本人だけで日本独自のものを開発しようとした点で韓国とは対照的である。日本のように、技術顧問から学んだ後は独力で技術開発を進める方式と、東アジア企業のように技術顧問に学んだ後も外部人材を積極採用する方式のいずれがイノベーションに資するのであろうか。外部の"完成された人材"を雇用することを通じて技術を獲得していく過程については次章で詳しく見ていきたい。

---

[39] 川上、2012。
[40] Ernst & Lundvall, 2004 ; Leonard & Swap, 2005.
[41] 吉岡、2012。
[42] Song & Lee, 2014.
[43] 川上、2012 ; 吉岡、2012。

第7章
外部知識を活用した研究開発

第1節　研究開発のグローバル化

1. 海外開発拠点の多様化

　前章まで見てきた通り、日本企業からアジア新興国企業へ移動した技術者たちは、移動先企業の研究開発パフォーマンスの向上に貢献し、またローカル技術者の日本技術の模倣や特許生産性の向上にも役立っていることが明らかになった。一方で、ローカル技術者のイノベーション創出力はむしろ低下傾向にある。それでもなお、日本企業出身者を採用したり、日本に研究所を設置したりするメリットはどこにあるのであろうか。本章では、研究開発のグローバル化と外部知識の取り入れの関係について、詳しく見ていきたい。

　企業が世界市場においてシェアを拡大するためには、研究開発を効果的に行うことが重要である。多くの競合他社に先駆けて消費者にとって魅力的な製品を開発し、効果的に市場に投入することが不可欠だからである。研究開発は一般に、基礎研究、応用研究、開発研究の三段階に分類される[1]。1960年代の多国籍企業[2]の研究開発では、本国の親会社が主導して行っており、基礎研究は本社直轄の中央研究所等が担い、応用研究や開発研究は事業部等で行われることが一般的で

---

[1] 基礎研究とは、特定の製品や製法を想定することなく、仮説や理論の形成や新しい知識を得るために行われる研究を言う。応用研究とは、基礎研究で得られた知識を特定の製品や製法に応用するための方法を探索する研究を言う。開発研究とは、基礎研究や応用研究等で得た知識を利用し、特定の製品を開発することを目的とする研究を言う（総務省統計局「平成26年科学技術研究調査」）。

[2] 多国籍企業とは、「2ヶ国以上の国において資産を所有する企業」を言う（国連、*World Investment Report*）。

あった。ところが、1970年代以降、企業活動がグローバル化するのに伴い、研究開発を本国で集中的に行う戦略から研究開発拠点を海外にも設置し、海外子会社に研究開発を実施させる戦略へとシフトするグローバル企業[3]が増加した。各国に分散しているイノベーションの源泉となる情報や知識を活用して研究開発を実施するためには、海外でも開発研究や基礎研究などを行うことが効果的だからである[4]。

1970年代後半以降、様々な経営学者が海外子会社による研究開発活動に関する研究を行ってきた[5]。海外に研究開発拠点を設置する目的としては、現地の大学や企業、研究機関等と連携し、最先端の技術開発を行うこと、現地市場向け製品の開発・改良の実施、現地の優秀な人材の確保等が挙げられる。海外の研究開発拠点の役割は、様々な分類が可能であるが、先端技術や知識を獲得するための海外開発拠点（HBA：home base augmentation, 本国補強拠点）と現地の消費者ニーズにローカライズするための海外開発拠点（HBE：home base exploitation, 本国拡張拠点）の2種類に大別することができる[6]。前者は「技術獲得型研究開発拠点」と呼ばれ、ITやバイオなどの最先端技術を獲得するためにアメリカやドイツに設置される研究開発拠点等が該当する。一方、後者は「現地開発型研究開発拠点」と呼ばれ、中国市場向け製品のカスタマイズのために中国に設置される研究開発拠点等が該当する[7]。

これまで、新興国は生産拠点、販売拠点としての意味合いが強かった。しかし、近年、経済水準及び教育水準の向上等により、新興国には新中間層と呼ばれる大量の消費者層が誕生しており、消費市場としての側面に注目が集まっている。都市化の影響で、電気や水道、道路などのインフラ整備が急速に進み、一般家庭でも炊飯器や冷蔵庫、テレビなどの家電製品が一気に浸透した。このように個人消費の主役となる中間層が急増する中、先進国企業は競って新興国の消費市場獲得

---

[3] グローバル企業の明確な定義は存在しないが、一般に、経営がいくつかの国にまたがって行われており、それぞれの経営が全体的に調和を持って運営されることによって統一された経営戦略を持つ企業と解される。
[4] Bartlett & Ghoshal, 1999.
[5] Ronstadt, 1977 ; Berhman & Fischer, 1980 ; Kuemmerle, 1997 ; Asakawa, 2001 など。
[6] Kuemmerle, 1997.
[7] 元橋、2012。

に向けて動き出した。海外企業が新興国市場で成功するためには、現地のニーズに合わせた商品やサービスを提供することによって、現地の市場に深く入り込んでいくことが重要とされる。そこで近年では、多くのグローバル企業が中国のみならず、インドやブラジルなどの新興国に研究開発拠点を設置する傾向にある。確かに、2011年以降、中国の成長率が鈍化し、またインドやブラジルなどでもGDP実質成長率が鈍化傾向にあることから、新興国の経済成長に疑問を呈する声があることも事実である。しかし、先進国では少子高齢化が急速に進んでおり、内需拡大は期待できず、中長期的に見れば、生産年齢人口が増加傾向にある新興国が先進国に代わって世界経済を牽引するという構図は今後も続くものと思われる。

2. 各社の海外開発拠点

図7-1は、アメリカのゼネラル・エレクトリック（GE）の研究開発拠点を示したものである。先進国（ドイツ）に設置された研究開発拠点は主に先端的な技術を国内の事業活動に取り込むために設置されたものと思われる。一方で、新興国（中国、ブラジル、インド）に設置された研究開発拠点は、現地の市場ニーズに合わせた製品開発を行うために設置されたものと思われる[8]。GEが海外に設置した4つのR&D拠点のうち、3か所が新興国であることからも、GEが新興国市場に力を入れていることがうかがえる。GEヘルスケアのケースでは、途上国市場向けに途上国で開発された低価格で小型のシンプルな医療機器が、被災地や個人用途などとして需要が高まり、先進国においてもヒット商品となった。GEヘルスケアがインドや中国の農村向けに開発した低価格の医療機器が爆発的にヒットしたのも、現地のニーズを詳しく知る現地の技術者が開発に関わったことが成功の要因とされている。このように、途上国で起きたイノベーションが還流（リバース）して、先進国でもイノベーションになる現象は、リバース・イノベーションと呼ばれる[9]。他のグローバル企業でリバース・イノベーションを実現した事例は少なく、GEヘルスケアのように新興国でも

---

8 元橋、2011。
9 ゴビンダラジャン＆トリンブル、2012。

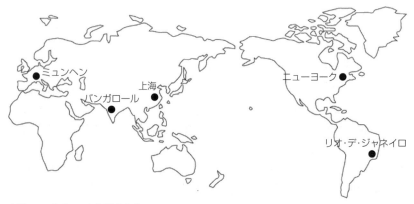

出所:GE公式HPより筆者作成

図7-1　GEの研究開発拠点

　先進国でもヒット商品となるような研究開発の実現は容易ではないと思われる。しかし、新興国で研究開発を行うことによって、低価格化や小型化など、新しい需要喚起のヒントを得ることは新興国でのイノベーションにとっても、先進国におけるイノベーションにとっても重要な意義を有すると考えられ、今後もグローバル企業が中国やインド、ブラジル等の新興国に研究開発拠点を設置するケースは増加するものと思われる。

　図7-2は、サムスン電子の研究開発拠点を示したものである。サムスン電子は、非常に多くの海外研究開発拠点を設置している点に特徴がある。アメリカ、日本、イギリス等の先進国のみならず、中国、インド、ロシアなどの新興国にも複数個所の海外研究開発拠点を設置しており、先端技術の獲得のみならず、現地ニーズへのローカライズにも対応したバランスのとれた研究開発体制を築いていると言える。

　図7-3は、東芝の研究開発拠点を示したものである。新興国に設置された研究開発拠点は、中国の研究開発センターのみである。前述の通り、新興国市場で成功するためには、新興国に研究開発拠点を設置し、現地の技術者を活用して研究開発を進めていくことが重要であると指摘されている。しかしながら、日本企業は新興国進出において欧米企業のみならず、東アジア企業にも後れを取っていると言わざるを

出所:サムスン電子公式HPより筆者作成

図7-2　サムスン電子の主な研究開発拠点

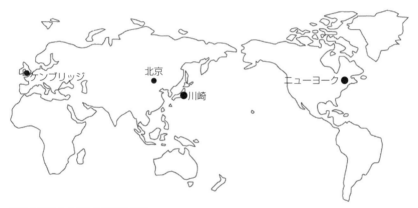

出所:東芝公式HPより筆者作成

図7-3　東芝の研究開発拠点

得ない。日本企業が、新興国を研究開発拠点とするイノベーション戦略に消極的な原因としては、自前主義へのこだわりと技術流出リスクへの懸念が大きく影響しているのではないかと考えられる。すなわち、自社の技術を用いることにこだわり、他社や他機関の技術を用いることなく基礎研究や商品開発を行うことを重視する傾向が指摘される。また、現地企業等との連携や現地人材の採用を通じて、技術漏洩や優

第7章　外部知識を活用した研究開発　　165

秀な人材の流出等の技術流出のリスクを懸念し、研究開発拠点のグローバル展開に慎重になっていることなどが考えられる。しかし、欧米企業のみならず、新興国企業もグローバルな研究開発体制を推進する中、日本企業だけが自前主義にとどまっていてはグローバル競争から完全に取り残されてしまいかねない。

　日本企業は今、大きな転換点に立たされている。技術流出のリスクをマネジメントしながら、新興国に進出し、新興国ニーズに合致した技術を獲得しない限り、世界市場のシェア奪還は難しいと思われるからである。いかにして、グローバルレベルでの研究開発体制を整え、新しいイノベーション戦略を立てるべきなのか。本書では、この課題解決の糸口を見いだすため、グローバルな研究開発体制をいち早く整え、15年足らずの短期間で日本や欧米の先進企業に追いつき、追い抜くことに成功した東アジア企業の人材戦略とその効果について分析を行ってきた。東アジア企業の外部知識活用状況や外国人材のマネジメント戦略等は、今後の日本企業の外部知識を活用した新たなイノベーション創出につながるのではないかと考える。

第2節　外部知識の獲得と研究開発

1．外部知識の活用

　持続的な技術発展に必要な知識を組織内部だけで生み出すことは非常に難しい[10]。そのため、企業は大学や研究機関、ライバル企業など、外部から企業成長に必要な知識を獲得してくることが求められる。具体的には、技術移転やリバースエンジニアリング、研究者の発表した論文や他社等が出願した特許を参照すること、大学や企業、研究機関との共同研究に伴うノウハウの移転、従業員の移動に伴うノウハウの移転などを通じて外部知識を獲得すること等が挙げられる。ヨーロッパやアメリカ、日本、そして近年急成長を遂げた韓国や台湾の工業化においても、外部知識は技術学習において重要な役割を果たしてき

10　Song et al., 2003.

た[11]。企業が外部から知識を獲得する動機としては、前述の通り、自社よりも技術的に進んでいる企業や大学、研究機関等から先端の技術を獲得したいという動機と、現地の消費者ニーズが、自社がこれまでターゲットとしてきた消費者層と異なる場合に、現地にローカライズするために現地の消費者の嗜好に合致した情報・知識を獲得したいという2つに大別できる。前者は「技術獲得型」、後者は「現地開発型」と定義することができる[12]。

2. 技術学習過程論

外部知識の活用は、技術成長によって不可欠の要素である。技術や機械装置を輸入し、そこから技術を学習することで急成長を遂げた国や産業に関してはいくつかの先行研究がある。例えば、ケネス・ジョセフ・アローは、アメリカの航空機産業の技術進歩を「製造学習」(learning-by-doing) として説明した[13]。「製造学習」とは、製造経験を通じて、技術を習得し、さらなる技術進歩につなげることができるということを意味している。また、日本の鉄鋼産業の発展については、ネイサン・ローゼンバーグが「利用学習」(learning-by-using[14])として説明している[15]。「利用学習」とは、最終ユーザーとしての利用経験を重ねる中で、技術的な改良がなされ、生産性が上昇することを言う。児玉（2008）は、1950年代の日本企業は、欧米で開発された高度技術を輸入し、それを実用技術にまで発展させ、その成果を欧米諸国など世界に広く技術輸出していったという事例があり、利用学習による技術進歩の好例であると指摘する。そもそも、戦後日本企業は、欧米で開発された製品を技術的に模倣することを通じて発展を遂げてきた。繊維産業、鉄鋼産業、家電産業、自動車産業、半導体産業など、多くの産業分野において、日本企業は欧米で開発された製品から技術を学

11　Freeman & Soete, 1997.
12　元橋、2012。
13　ケネス・ジョセフ・アローは、社会選択理論や内生的成長理論などで有名な経済学者である。1972年にノーベル経済学賞を受賞し、現在はスタンフォード大学名誉教授を務める（Arrow, 1962）。
14　Learning by using を製造学習と訳す場合もある。
15　ネイサン・ローゼンバーグは、技術経済に関する経済学者であり、スタンフォード大学・経済学名誉教授である（Rosenberg, 1983）。

んできた。さらに、日本企業は、欧米の技術を模倣するだけにとどまらず、改善・改良を加えることにより、元来それぞれの分野で技術的に先行していたはずの欧米企業に技術的に追いつき、さらに追い越すまでに至った。このように日本企業が欧米で開発された製品を模倣することを通じて技術力を身につけることができた背景には、製品や機械に埋め込まれた「形式知」を取り入れることができたためだと考えられる。

3. 形式知と暗黙知

技術には、機械装置に「体化」(embodied) される技術と、「体化されない」(disembodied) 技術がある[16]。「体化」される技術は、「形式知（形式的知識）」と呼ばれ、「体化されない」技術は、「暗黙知（暗黙的知識）」と呼ばれる。一般に、言葉で論理的・客観的に説明することができるタイプの知識である「形式知」は、機械装置に体化することが容易である。一方、勘やコツ、ノウハウなどの主観的なものは、「暗黙知」と呼ばれ、言葉で論理的に説明することが難しいため、機械装置への体化も難しいとされる。日本企業が欧米の製品を利用する過程で技術を学習することができたのは、欧米の製品には「形式知」が埋め込まれており、リバースエンジニアリング等を通して技術を獲得することが可能だったためと考えられる。このように欧米の製品に「形式知」が埋め込まれていたのは、欧米企業の研究開発では知識の客観化、マニュアル化が重視されたからだと考えられている。すなわち、欧米企業では転職が比較的多いことから、技術開発の担当者が変わっても継続してプロジェクトを遂行できるよう多くの技術開発過程をマニュアル化して進められてきたとされる。このようにマニュアル化された研究開発過程は、機械や仕様書等に体化されたことから、利用者である日本企業は、機械に埋め込まれた技術を模倣やリバースエンジニアリングを通して学習することができたと考えられる。

日本の製造業は、1950年代以降日米間で貿易摩擦を起こすほど、アメリカの製造業に競争力で勝るようになった。この原因として、欧

16　Rosenberg, 1983.

米の技術を模倣するだけではなく、日本独自の新しい生産方式や製品開発方式を導入したことが指摘される[17]。また、金型製作に代表されるように、日本のものづくりは技術者の勘やコツなどに基づく細かな技術や工夫が埋め込まれた高い品質の製品を製造することによって、競争力を維持し得たのではないかと考えられる。日本の製造業が戦後欧米企業に技術面で追いついた後、長期間にわたって他の追随を許さなかった背景には、このような技術者の高度な勘やコツなどの「暗黙知」に基づくものづくりを行っており、模倣が難しかったためと言われている[18]。また、欧米企業とは対照的に、日本企業では転職が比較的少なく、技術者同士の協働や指導・見習い等の直接的コミュニケーションの中で技術の共有化や伝承が行われるなど、マニュアルがあまり完備されなかったことも、日本企業の研究開発に「暗黙知」が多い理由になっているものと思われる。このようにコツやノウハウなどの「暗黙知」は機械に体化されづらく、リバースエンジニアリングを通してもなかなか技術の獲得に至らなかったことが、他企業の追随を許さず、日本企業の高い競争力の源泉となったものと思われる。

4. 暗黙知の形式知化

暗黙知はリバースエンジニアリングでも獲得しづらいものと思われていたが、1990年代以降、リバースエンジニアリングの質が徐々に変わってくる。情報技術の進歩により、これまで機械装置や機能部品に体化されてこなかったコツやノウハウといった人間の知能のうち「暗黙知」的なものについても、ソフトウェアやデータという形で、ある程度「形式知」へと変換することが可能になったからである。これに伴い、単純な機械の分解によるリバースエンジニアリングから、ソフトウェアの動作解析やデータ解析等を中心とするリバースエンジニアリングへと変わっていった。このように、高度なコンピューター化によって、暗黙知的な技術や技能も「形式知」へと変換され、機械装置に埋め込まれたため、高度な解析を伴うリバースエンジニアリン

---

17 新宅、1992。
18 馬場、2005。

グにより機械装置に体化された暗黙知的な技術まで取得することができるようになったのである。

例えば、1990年代の韓国企業は、高度な技術や技能を埋め込んだ機械装置を購入し、そこに埋め込まれたソフトウェアやデータを解析することによって、高度な技術情報をも手に入れることができたとされる。このように韓国企業が高度な機械装置や部品を購入し、模倣やリバースエンジニアリング等を通じて技術学習を成し得たことを、児玉（2008）は「統合学習」(learning-by-integrating) と説明した[19]。特に、韓国の場合、組立型の工業を中心に技術を導入しており、暗黙知的技術が多く体化された最新装置を導入する機会も多く、それらを利用・開発する過程で、日本などの先進国の技術を吸収していったとされる[20]。

以上のように、1960年代以降の日本企業は欧米の製品を購入し、ユーザーとして利用する過程で形式知的な技術を獲得していったのに対して、1980年代、1990年代の韓国や台湾企業は、情報処理技術の進展により、これまで機械装置に体化されなかったタイプの暗黙知的な知識や技術まで体化された最新の機械装置の購入を通じて効率的に技術やノウハウを習得していったと言える。このように暗黙知的技術が埋め込まれた機械装置を介した技術移転により、先発企業と後発企業の技術的ギャップは、1990年代後半以降急速に縮小していった。

5. ブラックボックス化

韓国企業等の統合学習による追い上げに対して、日本企業等の先進企業は、2000年前後から、関連技術や重要な知識・情報を秘匿化・ブラックボックス化[21]することで対抗していった[22]。また、前述の通り、日本企業では技術者や技能工の長期的・安定的な雇用を前提として技術の共有化が進んでおり、手順や方法をマニュアルという形で文

---

19 児玉、2008。
20 赤羽、2007。
21 ブラックボックス化とは、内部構造や動作原理がさかのぼって解明できない状態にすることを言う。
22 赤羽、2014。

章化する必然性が乏しかったことから[23]、日本企業ではあまりマニュアルが完備されず、コツやノウハウの多くが期せずしてブラックボックス化されていた。

　このような先進企業によるブラックボックス化は、後発企業のキャッチアップにとって大きな障壁になったと考えられる。なぜなら、技術やノウハウが意図的・非意図的にブラックボックス化されたことにより、機械装置を輸入しただけでは技術を学習することが非常に難しくなったからである。また、リバースエンジニアリングが高度化・複雑化したことも技術的キャッチアップを困難にしたと考えられる。例えば、半導体の電子板のリバースエンジニアリングには、数億円かかるとも言われる透過電子顕微鏡が必要となり、かつ解析するためには高い技術力を要すると言われている。先発企業のこのようなブラックボックス化の動きにより、機械装置を介した技術学習は困難になり、後発企業の技術的キャッチアップは行き詰まった。このようなキャッチアップの行き詰まりは、一般に「キャッチアップの天井」と呼ばれ[24]、機械装置のリバースエンジニアリングの限界を示唆している。そこで1990年代後半以降、「人」に埋め込まれた暗黙知的な技術やノウハウが先端的技術開発において果たす重要性に再び注目が集まるようになった[25]。つまり、リバースエンジニアリングの限界が「機械から人へ」という流れにつながったのではないかと考えられる。

第3節　人に体化した技術や知識

　1990年代、情報処理技術の急速な進展により、形式知及び暗黙知的技術が埋め込まれた機械を購入することによって、後発企業は、急速な技術的キャッチアップに成功した。しかし、1990年代後半以降、先発企業は、技術や製造方法、使用方法をブラックボックス化する対応を施し、キャッチアップは行き詰まりを見せた。ソフトウェアの動作解析やデータの解析をするためには、高い技術力を要する。高度な

23　服部、1988。
24　佐藤、2008、2012。
25　赤羽、2014。

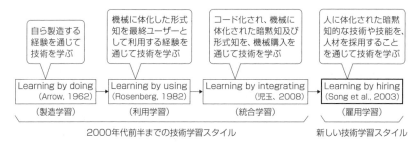

図7-4　技術学習スタイルの変遷

　最新技術を理解し、応用できる人材の確保手段として考えられるのが、自国人材の育成や外部指導者の招聘である。前者に関しては、キャッチアップの段階にある国や企業では、自国の学生や自社の社員等に対し、欧米等の先進諸国の大学・大学院に留学させ、学位を取得することを奨励する政策が採られることが多い[26]。例えば、高度成長期の日本企業では、社員を海外の大学院に派遣し、MBAやPh.D.を取得させるなどの人事マネジメントが多く行われていた[27]。しかし、これらの人材育成方法は、多大な時間とコストを要する上、帰国後に退職してしまう事例なども少なくない[28]など、企業にとって効率的な人材育成方法とは言い難かった。また、後者に関しては、殖産興業政策において、多くの欧米の技術者をお雇い外国人として招聘した事例に代表されるように、技術的キャッチアップの過程では、先進国から技術者を招聘し、技術を学ぶということが多く行われる。この方法は、社内人材の育成を通じて、着実に企業の技術力を上げることにつながり得るという利点があるが、前者と同様、人材の育成には長期間を要するという短所を併せ持つ。

　このように、急速に先発企業の技術レベルに追いつくためには、海外留学や招聘外国人による社内人材の育成は時間がかかり過ぎる。そこで、社内で人材を育成するのではなく、外部から"完成した人材"を採用することで、企業成長を図ろうという動きが起こってくる。

26　児玉、2008。
27　鶴岡、2003。
28　薄上、1997；金、2002。

Song et al. (2003) が指摘する「雇用学習」(learning-by-hiring) のように、直接外部人材を雇うことによって、人材に体化した暗黙知的技術を学習する方法が新しい技術学習スタイルとして提唱されるようになったのである。これは、"機械"を購入し、リバースエンジニアリングを通じて技術を獲得するのではなく、"人材"を雇用してその人に体化した技術を企業が直接吸収することを意味している。このように、技術獲得の手段としては、これまでの製造学習、利用学習、統合学習という段階から、最新の技術や技能が体化された人材を採用することを通じて技術や知識を獲得するという「雇用学習」の段階に移りつつあると言える（図7-4参照）。

第4節　知識移転とネットワーク

1. 人材の移動と知識移転

これまで、技術者や科学者などのR&D人材が移動することによって、新たなイノベーションが創出されることについては様々な研究がなされてきた[29]。例えば、Almeida & Kogut (1999) やSaxenian (1994) の研究では、1990年代のアメリカのシリコンバレーで、次々に新しい世界的イノベーションが生み出されたことについて、地域内でのR&D人材の頻繁な移動によって知識のスピルオーバー効果がもたらされたことが指摘された。これらの研究では、特許情報を用いて、R&D人材のシリコンバレー域内での企業間移動と特許の引用情報を分析し、シリコンバレー内では人材移動が頻繁に行われていること及び地域内の大学や企業間において特許の相互引用が多く見られることが明らかにされた。すなわち、シリコンバレー内でのR&D人材の移動によって、各人材が前職で得た知識を、転職先のR&Dにも活用し、その知識を他の同僚が活用するなどを通じて、知識移転がもたらされ、イノベーションを生み出した可能性を指摘している。このように、人材の流動性の高さは、その地域における知識のスピルオーバーやイノ

---

[29] Almeida & Kogut, 1999 ; Saxenian, 1994 など。

ベーションにつながるとの研究が多く示されてきた。

人材の移動がイノベーションを促進すると考えられる理由としては、以下の2点が考えられる。第一に、企業間を人材が移動する過程で、様々な知識や情報が交換され、新たな知識融合をもたらすことが挙げられる。最先端の科学や技術に関する情報の多くは、形式化されていない暗黙知的な知識として、人に体化していることが多い[30]。このような最先端の科学や技術に関する知識や情報を移転するためには、知識・情報を保有する「ヒト」そのものが移転することが最も効果的だからである。「ヒト」に体化した知識や技術が、人材移動に伴い移転し、移転先で既存の知識と融合し、新たなイノベーションの創出につながると考えられる。第二に、人材の移動によって、移動者が前職で築いた人的ネットワークがイノベーションを促進する上で重要な情報源になると考えられている。移動先企業は、移動者を通じて、技術的知識のみならず、移動者が前職での人的ネットワークを通じて得た多様な情報にアクセスすることが可能になるからである。伝達される情報の中には、論文や特許等の形では公表されていない技術開発に関する情報や研究者同士のコミュニケーションの中で生まれるアイディア、誰がどのような知識を持っているか等の情報も含まれるものと思われる。このように、移動人材は、多様な情報を組織の境界を越えて伝達することができ、技術情報の橋渡し役的機能を果たすものと考えられる[31]。人的ネットワークを通じて得られる多様な情報は、移動先企業にとっては新たなイノベーションの"芽"となり得るのではないかと思われる。このように、人材の移動は、技術や知識の移転、人的ネットワークの拡大によってイノベーションを促進する上で重要な役割を果たすと言える。

2. 人的ネットワークとパフォーマンス

研究者のパフォーマンスの差異については、これまでも公表論文データや特許データを用い、研究分野や研究資金、学歴の違いなどが

---

30 Almeida & Kogut, 1999など。
31 Allen (1997) は、移動技術者は組織外の技術情報を媒介する機能を果たしており、いわば情報のゲートキーパー (gatekeeper) として機能すると説明した。

パフォーマンスに与える影響などについて分析が行われてきた。確かに、学歴や研究環境等は研究パフォーマンスに大きく影響を与えるものと思われる。しかし、それだけではなく、"人とのつながり"もパフォーマンスに影響を与えるのではないだろうか。知識経済の進展に伴い、環境や資質のような目に見える要素だけではなく、"他者とのつながり"や"他者とのつながりを通してアクセスできる情報"などの目に見えない要素が、研究パフォーマンスに強く影響するのではないかと考えられるからである。本書の特徴の1つとして、目に見える技術や知識のみならず、"人とのつながり"を通して得ることのできる"情報"が果たす役割について、実証的な分析を試みた点を挙げることができる。

　本研究では、目に見えない"情報"の果たす役割を分析するため、各企業内技術者について、ネットワーク理論を用いた"技術者同士のつながり"に焦点を当てた。ネットワーク理論とは、人のつながりや企業同士のつながり、国家のつながりなど、様々な"つながり"について、個々の点とそれをつなぐ線の関係に着目し、グラフ理論を用いて表す分析手法である。それぞれの点（ノード）のネットワーク指標を観察することによって、個々のノードが全体のノードの中でどのような特徴を有するのか、どのような役割を果たしているのか、情報がどの程度集積するポジションであるのか等を分析することができるのである。このネットワーク分析は、個人や組織の行動やそれに伴うパフォーマンスは、社会的ネットワーク（ソーシャルネットワーク）の構造や特性に強く依存するとの考え方に立脚したものであり、ソーシャル・キャピタル理論（社会関係資本）の一つとして、個人間や組織間のパフォーマンス分析にも応用されている[32]。すなわち、パフォーマンス分析にネットワーク理論を応用することにより、社会ネットワークの構造や特性に基づいて、アクセスできる資源や情報に差異が生じ、それがパフォーマンスの差異につながると考えられている。

　研究者ネットワークに関する研究は、共同研究ネットワーク、共著

---

[32] Burt, 1992 ; Granovetter, 1985.

ネットワーク、論文や特許の引用ネットワークなどについて行われている[33]。特許や論文の共発明者関係や共願関係などを調べ、発明者や出願人のつながりを分析する研究や、引用情報を用いて知識の流れを把握する研究などが代表的である[34]。個人の能力や知識は社会ネットワーク内の構造的性格に大きく影響される[35]。また、ネットワーク内のポジションが行動や生産性に影響を与えるという先行研究もある[36]。さらに、近年、ネットワークが組織のパフォーマンスに影響を及ぼすとの研究結果もある[37]。

3. 人とのつながりを介した情報集積

キャッチアップと情報の関係について、末廣（2014）は、サムスン電子や台湾PC産業のキャッチアップを研究した吉川（2010）や川上（2012）らの研究に基づき、キャッチアップの過程では、技術や技能の蓄積が重要であるのに対して、後発企業がキャッチアップを超えて、一歩先へ行くためには、「科学知識」や「価値のある情報」などの知的資源の獲得と蓄積が必要になると、二段階で説明している[38]。すなわち、キャッチアップするまでの過程においては、リバースエンジニアリングや製品改良に必要な技術や技能を学習・蓄積することが重要であるのに対して、キャッチアップを超えて一歩先に行くためには、「価値のある情報」や「科学知識」等の知的資源を獲得・蓄積することを通じて、新しい技術の開発能力を身につけることが重要だとの指摘である[39]。ここで、「価値のある情報」や「科学知識」とは、技術者間で共有される開発のアイディアや最先端の知識など製品化・特許化される前の暗黙知的な情報を指すと考えることができる。すなわち、特定の知識や情報に触れ、共有したものだけが持ち得るアイディアや開発のヒントなどの"技術の芽"のようなもので、限定的な人にのみ

---

[33] Acs, Audretsch, & Feldman, 1992, 1994；Audretsch & Maryann, 1996；Zucker & Darby, 1997；Feldman & Audretsch, 1999；Ackers, 2001；Lowell, 2003.
[34] Cross et al., 2001.
[35] Burt, 1992；Granovetter, 1985.
[36] Powell et al., 1996；Walker et al., 1997.
[37] 平井ほか、2013。
[38] 吉岡、2010；川上、2012；末廣、2014。
[39] 末廣、2014。

埋め込まれた情報や知識と言えるのではないかと考える。

　人が保有する情報について、本研究では"目に見える技術情報"と"目に見えない情報"に分けて把握することを試みた。前者については、技術者がそれまでの研究開発過程で得た技術に関する情報量を数値化した。また、後者については、各技術者が築いた人的ネットワークを数値化することで情報量を表した。企業内の個人間に社会ネットワークが形成されることによって、情報や知識の交換や共同学習が行われるため[40]、企業内の技術者ネットワークを分析することにより、企業内の研究開発や技術に関する「価値のある情報」がどの人材に集積する傾向にあるか等を分析することが可能になるからである。

　本研究の分析結果からは、技術者の技術や技能に関する過去の実績のみならず、社内での技術者同士のつながりの強さや近さが、アジア企業への移動のしやすさにも影響を与えていることが明らかになった。つまり、情報が集積しやすいか否か、また情報をコントロールしやすいポジションにあるか否かは、選ばれる人材の条件の1つとなり得ることが示された。技術力や知識量では測ることのできない"人とのつながり"も、技術者にとって重要な要素の1つと言うことができる。

---

[40] 坂田ほか、2006。

第8章

分析結果の確認と技術者インタビュー

　第1章から第5章では、日本企業から東アジア企業へと移動したR&D人材について、その特性や成功企業の外部人材獲得戦略、日本企業出身者の東アジアのイノベーションへの貢献、効果的な外部人材の活用方法、そして東アジア企業内人材の技術学習状況について、特許データを用いた分析を行ってきた。データ分析から見えることが、現状と合致しているのかを確認するためには、現状をよく知る技術者へのインタビューが効果的である。そこで筆者は日本の電機メーカーから東アジアの企業へ移動され、活躍された方へのインタビューを行った。本章では、第1節でデータ分析の結果を確認し、第2節でインタビューの結果についてまとめたい。

第1節　データ分析結果のまとめ

1.　分析結果

1-1.　移動した技術者の全体像

　分析の結果、日本企業から東アジア企業へ移動した技術者の中には、大企業出身者が多く含まれ、また国内全体の技術者レベルと比較しても非常に優秀な技術者が多いことが明らかになった。すなわち、日本企業から東アジア企業へは優秀な人材から流出している状況が、データ上からも確認された。キャリア年数で見ると、韓国企業へ移動する技術者はアメリカ特許初出願からの経過年数が長い、比較的ベテラン技術者が多いことが確認された。一方で、中国に移動する技術者は1～5年程度のキャリア年数の若手技術者の移動が多く確認された。こ

の点については、中国では「年齢が高いと技術も古い」と考えられており、若くて、かつ一定の経験を有する人材を欲しているためではないかと推測される。東アジア全体で見ると、韓国への移動者数は収束傾向、中国への移動者数は減速傾向、台湾、シンガポールなどその他アジアへの移動者は増加傾向にあることが明らかになった。近年、インドやマレーシアの企業等が、日本企業出身者の採用に力を入れ始めているとの報道もあり、第三の人材流出の波が起こるのではないかと考えられる。日本政府は、近年になって、韓国企業や中国企業への技術流出事案の顕在化を受け、人材流出防止、技術流出防止の取り組みを始めたが、今後対策を考えるとするならば、シンガポール、マレーシアなど広くアジア全域を視野に入れて進めていくべきではないかと思われる。

1-2. 選ばれる人材の条件

東アジアの成功企業に関する外部人材獲得戦略に関する分析からは、過去の実績を重視するか否か、キャリア年数を重視するか否かなどについて、各社でばらつきがあることが確認された。一方で、ほとんどの企業に共通していたことは、技術者にも「政治力」が必要であるという点である。すなわち、技術者ネットワーク分析の結果、日本企業内技術者の中で東アジアの成功企業5社に選ばれた人材というのは、次数中心性の高いスター技術者のすぐそばに常にいるタイプの技術者であることが明らかになった。技術者としては、過去の実績や技術分野等も重要であるが、それと同じくらい技術者ネットワーク内でのポジションも重要であり、特に目立つ技術者のすぐそばに常にいることが転職の際には有効に働くことを示唆している。

1-3. アジアイノベーションへの貢献

日本企業出身者はアジアのイノベーションに貢献していることも明らかになった。本書では、日本企業出身R&D人材の貢献を、量的イノベーションへの貢献、イノベーションの高度化への貢献、質的イノベーションへの貢献という3つの側面から分析を行った。分析の結果、それぞれの側面で、日本企業出身者がイノベーションに貢献している

ことが、データ上から実証された。もっとも、すべての企業に対するイノベーションが確認されたわけではなく、サムスンに移動した日本企業出身者については、量的イノベーションへの貢献が、鴻海に移動した日本企業出身者については、イノベーションの高度化に対する貢献が、LGに移動した日本企業出身者については、イノベーションの高度化及び質的イノベーションへの貢献が、それぞれ確認された。日本企業出身者がアジアのイノベーションに対してどのような貢献をするのかは、移動先企業のマネジメントの影響を強く受けるものと思われる。効率的に特許出願をしてほしいと考えて採用する場合や技術面について自社内技術者の手本になってほしいと考えて採用する場合など、外部人材を採用する動機によってマネジメントは大きく異なってくるものと思われるからである。

1-4. 外国人材マネジメント

　外国人材を採用する動機の違いは、外国人材をどのようにマネジメントするか、R&D人材の場合には、どのような研究ユニットに外国人材を組み込むかに表れる。この点、韓国企業は日本企業出身者を複数人まとめて同じ研究ユニットに投入するという方法が採られることが多いのに対して、台湾や中国企業は1人の日本企業出身者に複数の現地技術者が付くというような研究ユニット構成が採られるというように、内部人材と外部人材の組み合わせ方が国や企業によって異なることが明らかになった。この理由として考えられるのは、韓国企業では日本企業出身者に研究成果、すなわち特許を出すことを期待しているのに対して、台湾や中国企業は技術的な指導等を期待していることが影響しているのではないかと考えられる。中国企業では、採用した外国人を幹部等に据えるケースがよく見られるが、これはわざわざ高給を支払って雇った優秀な外国人から多くを吸収したいという考えがあるのではないかと推測される。

　上記のように外国人材を採用した場合には、同じ研究ユニットに複数人投入するパターンと別々の研究ユニットに投入するパターンの2通りがあり得る。この点、日本企業出身者と現地技術者との研究ユニット構成とR&Dパフォーマンスとの関係について実証分析を行っ

た結果、研究開発の量的向上という観点からはユニット構成の影響を受けなかったが、質の向上という面では、複数人の日本企業出身者をまとめて同じ研究ユニットに投入した方が効果的であるということが明らかになった。

　この理由として、今回のようなケースでは、日本語と韓国語、中国語、英語というように言葉の壁が研究ユニット内に生じがちであるが、研究開発活動を遂行する上では、同じ言語で知識を共有することが重要だったのではないかと考えられる。同じことは、日本企業が外国人を雇う場合にも言えるのではないかと考えられる。すなわち、日本企業が外国人を採用した場合、生産量を上げる等の目的で活用する際には、どのようなチーム構成にしてもパフォーマンスには大きな影響は出ないと考えられるが、新しいアイディアや企画を考える部署などディスカッションが要求される仕事の場合には、同じ言語で考え、話をすることができる人が複数人いる環境を設定することが効果的なのではないかと考えられる。

1-5. ローカル人材の技術学習

　受け入れ先企業である韓国、中国、台湾企業は、日本企業出身者と共に研究活動を行う中で、どのような技術を学習したのかについても実証的な分析を行った。分析の結果、日本企業出身者との共同研究経験は、日本の技術を探索・模倣する機会を有意に上昇させることが明らかになった。このことから、外国の技術を取り入れる際、当該国から採用した人材と共に研究を行うことは、技術・知識の理解を深め、その技術を応用させる上で重要な役割を果たすと言うことができる。また、日本企業出身者との共同研究経験は、現地技術者の特許生産性を押し上げることも明らかになった。日本企業出身者との共同研究経験により、新しいアイディアを得たのか、あるいは研究開発姿勢を学んだのか等原因は明らかではないが、外国人材との共同研究経験は企業内技術者のパフォーマンス向上にプラスの影響をもたらすと言えるのではないかと考える。さらに、日本企業出身者との共同研究経験によって、現地技術者に独創的な研究開発能力が身についているのかについても分析を行った。分析の結果、現地技術者にはまだ独創的なイ

ノベーションを創出する能力までは身についていないということが明らかになった。サムスンや鴻海、LGは、日本企業出身者との共同研究経験を活かし、模倣や量産の能力を身につけてはいたものの、新しい技術を独自に開発するところまでは至っていないと言える。その理由としては、独自にイノベーションを創出する能力を身につけるまでにはまだ時間を要するということや日本企業出身者から学んだ技術を韓国語や中国語で理解し、自分たちのものにするのは非常に難しいことなどが考えられる。しかし、これらのことをもって、中国や韓国企業は、日本の技術を模倣したに過ぎず、独自のイノベーション能力は身につけていないから、技術的に追い抜かれることはないと判断するのは早計である。模倣はイノベーションの重要な一歩であると言われており、既に韓国や台湾企業は模倣力を十分に身につけているのであり、あと一歩のイノベーション力が不足しているに過ぎないとも考えられるからである。

2. 考察

本研究で明らかとなったこれらのことは、今後の企業成長やイノベーションのインプリケーションになり得ると考える。第一に、人材マネジメントに関しては、知的分野における外国人材は、なるべく同じチームで活用した方が良いということである。日本企業は今後新興国人材をはじめとする外国人材を活用する場面が増加するものと思われる。その際、単純作業や量産を目的とした部署に配置する場合には、どのようなチームに組み入れるかはあまり問題にならないものと思われるが、研究開発活動や企画・経営など知的作業を伴う部署に配置する場合には、当該人材が母国語で考え、話すことのできる環境を用意することが、最も有効な活用方法なのではないかと推測される。

第二に、技術流出の懸念に関しては、模倣、量産、独自のイノベーションという3つの技術学習段階のうち、模倣と量産までは比較的実現されやすいものの、独自のイノベーションの実現は非常に難しいことが明らかになった。すなわち、サムスンや鴻海、LGのような成功企業であっても、日本企業出身者との共同研究経験によって、模倣力や生産性の向上は実現できても、独創的なイノベーションの創出のた

めには、現地技術者のさらなる学習と時間を必要とする段階にあることが明らかになった。イノベーション戦略を考える場合、模倣戦略から始めることは今では経営学の常識になりつつあるが、それをイノベーションにつなげるためには人材育成等さらなる努力が必要になるものと思われる。模倣戦略では、何を学ぶか、誰から学ぶかが重要であると指摘されるが、さらに学んだ後にどう活かすかということも非常に重要になってくると言える。

　第三に、リストラでは優秀な人材から他企業へと流出していく可能性が高いことがデータ上から示された。日本でリストラが増加した数年後に人材流出が増加していること、また流出した人材は大企業出身の優秀な技術者が中心であったことが示されたからである。移動技術者は、半導体や画像通信技術等に詳しく、しかもその約8割が特許生産性国内上位25％に入る人材であることが明らかになった。アジア企業は自社に必要な技術を有する優秀な人材を的確に見極めた上で採用していると考えられる。日本企業にとっては、今後の人材マネジメントにおいて、どの技術分野の、どの人材重要かということを正確に把握しておくことが求められる。また、雇用機会を求める技術者の側から見れば、日本が先行する技術分野で上位の実績を維持することが重要と言えるだろう。

　第四に、選ばれる人材の条件には、社内での人間関係におけるポジションも影響していることがデータによって示された。移動技術者は、社内ネットワークの中で、「陰の実力者」的な存在で、「政治力」のある人材であることが明らかになったからである。平たく表現すれば、いつもスター技術者の近くにいるような「小判鮫的人材」、あるいは「鞄持ち的人材」であることが、選ばれる人材の条件の1つであることをデータは示唆しているようである。また、選ばれる人材は概して中心性が高く、多くの技術者と広くつながっている傾向にあることが明らかになり、いわゆる「一匹狼的人材」は選ばれ難いことが示唆された。

3. 課題

　本研究ではいくつかの課題が残された。第一に、本研究では、統計

分析の前段階として、日本企業からアジア新興国企業へ移動したすべての技術者について移動前企業及び移動先企業を特定した。しかし、同じ企業に一定数以上の技術者が移動していることが確認できなければ統計分析には適さないため、結果として研究対象が5社に限定されてしまった点である。今後は、産業や国を広げること等により、対象企業数を増やした分析を行っていきたい。

　第二に、本研究では先端的技術のナレッジフローを対象にするため、アメリカ特許を用いた。その結果、移動技術者や企業内技術者はすべてアメリカ特許の発明者欄に現れる人材に限定されることとなった。しかし、企業内技術者の中には、国内特許に関与した経験はあっても、アメリカ特許には関与した経験がない人も含まれるものと思われる。すべての技術者の移動を捕捉するためには日本特許、中国特許、韓国特許等も参照する必要がある。今回の研究ではデータベースの限界や表記ゆれの修正などの問題から、アメリカ特許を用いた分析を行った。より網羅的な企業内技術者についての移動の有無や特許生産性の変化等については、今後の課題としたい。

　第三に、中国・韓国・台湾企業等は、日本企業からだけではなく、アメリカ等の先進国企業からも多くの技術者を採用しているものと思われる。アメリカ等の先進国企業から移動した人材に関する検証に関しては、今後の課題としたい。

　第四に、本研究は、後発企業が先発企業にキャッチアップする過程において、外部人材活用による学習効果を確認することを目的とした研究である。特許データを用いることにより、各社の人材獲得戦略の違いや外部人材活用による企業パフォーマンスや企業内技術者のパフォーマンスへの影響、研究ユニットの構成の違いによる企業パフォーマンスへの影響等が実証的に示されたという点において、一定の成果があったのではないかと考える。一方で、各企業の外部人材採用の動機や研究ユニット構成の背景等については、実証研究の限界であり、インタビュー調査等を実施しなければ明らかにできない部分として残された。そこで筆者は実証研究に引き続き、技術者へのインタビュー調査を実施した。本研究で示されたデータ分析とインタビュー調査による移動動機の確認との整合性について、次節で述べたい。

第2節　技術者インタビュー

1. 日本人のグローバル化

　2015年9月4日、ある中国企業で顧問を務める日本人技術者（以下A氏とする）にインタビューを行った。A氏は、学生時代に取り掛かったある研究テーマが評価されて日本の大企業に入社し、その後も流行の技術に飛びつくことなくご自身の関心テーマを追究された熱心な技術者の方である。現在は、中国、台湾を拠点に、タイやベトナムなどを飛び回ってご活躍されている。ご自身の意見をはっきりと主張されるタイプとのことだが、工場長を務められた工場が閉鎖されることになった際には、すべての従業員の再就職が決まるまで、伝手を辿って奔走されたこともあるなど、非常に頼りになるリーダータイプのエンジニアの方という印象を受けた。ご自身のことを「わんぱくなエンジニア」と語られ、このようなわんぱく者を無事に卒業（定年退職）させてくれた会社には感謝していると話されていた。在職中に台湾などの東アジア企業との取引や共同プロジェクト等の経験があり、定年退職後にぜひ台湾に来てほしいと頼まれ、台湾企業に移動されたことがきっかけで、台湾や中国などで仕事をすることになったという。

　まず、移動状況や移動技術者の分析、活用方法などに関する本研究のデータ分析の結果については、現状と非常に整合的ではないかとのことであった。そのうえで、A氏は、韓国企業や中国企業へ移動する日本企業技術者は今後激減するのではないかと予想される。以前の韓国企業は決断スピードが非常に速く、世界のトップに躍り出たが、近年ではそのスピードも落ちていること、また中国企業、韓国企業ともに日本の技術に関しては既にコピーが終わったので、もう学ぶことはないと考えているのではないかとの推測による。また、中国は2014年夏以降、中国における60歳以上の外国人労働者の労働ビザ取得を厳格化した。以前は、重要な役職に就く場合には、特例として60歳以上でもビザ（就業証と居留許可）が比較的容易に認められていたが、現在は特例がほとんど認められず、60歳以上という年齢で

線が引かれている[1]。このようなビザ取得厳格化の流れも中国企業ではもはや外国人は必要としないという姿勢の表れではないかと考えられる。少なくとも、定年退職後の技術者が中国企業へ移動する機会は激減すると考えられ、中国企業へ移動するとすれば若い技術者に限られることになるだろう。一方で、台湾については、今後もアジアのマーケットの拠点としてさらに成長することが予測され、外国人技術者の需要は大きいのではないかと考えられる。しかし、この外国人技術者は必ずしも日本人技術者に限らないのではないかとA氏は指摘する。

　日本人の多くは、メディア等の影響もあり、日本の技術は非常に高いと信じている。しかし、A氏は日本の技術が衰退傾向にあるからこそ、そう信じたいだけではないだろうかと指摘する。A氏は、台湾企業及び中国企業で活躍し、タイやベトナムにも行き来しているが、日本の技術や日本人技術者が必要とされる局面が明らかに減少していると感じているそうである。その理由の1つに、日本人のグローバル化がまったくできていない点を指摘する。「世界一の日本の技術を活かし」、「日本人としての強みを活かすためには」というような視点がそもそも間違っており、国は関係なくボーダレスに考え、行動できる人材が多く生まれない限り、日本人のグローバル化は絶望的だと語られる。

　人材が流動化することや海外へ行って戻ってくることは非常に重要である。世界で必要とされる人材になるにはどうすればよいかを改めて考えるべきであるとA氏は若い技術者にエールを送られた。

2. 明日を信じる力

　2015年9月9日、台湾企業の在日本研究所でご活躍の日本人技術者（以下B氏とする）にインタビューを行った。B氏は、日本の大手電機メーカーのご出身で、液晶パネルのスペシャリストである。液晶が電卓の小窓ほどのサイズの頃から、2倍にし、4倍にし、10倍に

---

[1] 中国では一般的に定年年齢が低く、男性は60歳、女性は50歳とされている。それにあわせて、外国人の労働許可も男性は60歳以下、女性50歳以下という労働政策が採られているためである。

するという研究開発を一筋にやってこられた職人気質のエンジニアの方という印象を受ける。在職中に、台湾等の東アジア企業への技術移転業務等を担当され、定年退職後に誘われて台湾企業に移動されたという。自分が信じてやってきた技術に携われること、そして「今日よりも明日の方が絶対良くなる」と信じて疑わない台湾の若い技術者と共に仕事をすることは、社会貢献につながっているという充足感が得られ、生きがいに感じているとのことであった。

　B氏の周りには、台湾や韓国企業等で研究開発に従事するエンジニアも多く、その方々の転職経緯について質問した。台湾企業に移動する人は、先輩・後輩など知人を通じて入社したり、エンジニア専門の人材バンクを通じた転職活動を通じて入社したりするケースが多いという。一方で、韓国企業に移動した人の中には、直接メールでスカウトされた経験がある人もいたという。台湾企業と韓国企業ではエンジニアへのアプローチ方法が異なるようである。また、年齢層で見ると45歳から55歳ぐらいのエンジニアが多く、リストラされて移動した人も少なくないという。リストラされて移動すると聞くと悲壮感を持たれる方も多いかもしれないが、実際にはリストラをされ、自分は何がしたいだろうと見つめ直し、やはり自分が信じた技術を活かし、その製品が世に出るという充実感が得られる仕事を続けたいという思いで転職を決意される方が多く、熱意溢れるエンジニアが多いのだそうだ。

　次に、仕事上で日本企業内で研究開発をする際との違いを感じることはあるかと質問したところ、特に台湾企業は親日的で、阿吽の呼吸で通じることも多く、契約等で裏切られたり、失望したりする経験は皆無だったと話される。しかし、仕事を進める上でやはり言葉の壁は大きいと指摘する。顧問のようにラインに入って意思決定に関与するようなポジションであれば通訳を介して会話をするということもあるが、エンジニアとして中に入っていく場合には細かいニュアンスや気迫を伝えるためには、通訳をいちいち介するわけにもいかず、言葉の壁が立ちはだかる。

　日本の技術者が必要とされている理由については、先行する技術に関する「経験」を有していることが大きいのではないかとのことで

あった。技術は矢の弾道のようなもので、手元の数ミリのズレは到達地点では修復不能な大きなズレにつながる。技術開発のスタート時点で予測を誤れば、数年後には大きな誤差になるのである。「予測」は経験豊富だからこそできるのであり、アジア企業が日本のエンジニアを必要とするのは予測ができるだけの「経験」を持っているからではないかと指摘する。

　45歳から55歳ぐらいのエンジニアが多く日本に所在する東アジア企業の研究所で活躍する理由の1つとして、B氏はその世代特有の問題を指摘する。その世代は、親の介護を抱えている人がほとんどで、住んでいる場所を変えたくないので、国内の研究所ならいいが海外勤務や転勤は無理という人が多く、日本の研究所がリストラされた優秀な人材の受け皿になっているのだという。筆者はそれまで東アジア企業が日本に研究開発拠点を設ける理由は、シリコンバレーに多くのIT産業が集積したように、最先端の研究開発地点から距離が近いことによる便益を得るためなのではないかと推測していたが、それだけではないのかもしれない。

　次に、日本の電機産業が衰退した理由についてもB氏に質問をぶつけてみたところ、日本のものづくりは非正規労働者に切り替えたころから変わってしまったからではないかとの答えが返ってきた。作業が別の人に代わっても支障がないように、細かく輪切りにされたマニュアル作業になり、結果的に工夫の余地が奪われてしまったからである。以前の日本のものづくりの現場では、「セル生産方式」や「一人屋台生産方式」などの生産方式も存在した。セル生産方式とは、一人または少数の作業チームで製品の組み立て工程を行う方式をいう。また、一人屋台方式とは、1人の作業者で製品を完成させる方式をいう。これらの生産方式は、作業者1人が受け持つ範囲が広い点に特徴がある。このような「一人屋台生産方式」や「セル生産方式」であれば、改善や工夫の余地があるが、細分化されたマニュアル作業では工夫の余地が残らないのである。このことが日本のものづくり、特にアセンブリ技術の低下を招いたのではないかと指摘する。また、以前の日本企業では「何とかなる」、「日本企業はこれから成長する」という空気があり、新しいチャレンジにも「よしやってみよう」という風潮

があったが、今の日本企業にはその空気がないことも大きく影響しているのではないかという。B氏自身も若いころ、今の液晶パネルよりも2倍サイズのものを作ってみたいと工場の責任者に話したところ、出世払いということでとりあえず作ってみるかと決断してくれたことがあったそうだ。今の日本企業には、新しいチャレンジを許す空気も自分自身の経験に基づいてその技術開発を進めるべきか否かを正しく「予測」できる責任者も不在なのではないだろうか。今の日本企業の中に、「今日よりも明日が必ず良くなる」と信じて仕事をしている人はどれほどいるだろうか。また、トップには「仕事の最終責任は私にあるからやってみろ」と言える決断力と責任感が求められる[2]と言われるが、社長の中には、社長や役員のポストを出世レースの最終ゴールと考え、自分の代を無難にやり過ごせればと思っている人もいないとは言えないのではないだろうかと指摘する。

　今後のものづくりに関して、B氏は、日本だけのことを考えるのではなく、東アジアや東南アジアなどが共に力を合わせて頑張ればよいのではないかと語る。B氏はベトナムやインドなどの人とも、ポーランドなど東欧の人とも仕事をしたことがあるそうだが、アジア人にはある共通点があることに気付いたそうである。それは、ベトナムやタイ、インド、ミャンマーなどアジア人には「工夫、改善、改良」がもともと備わっているように感じられるということだという。例えばポーランドの人は言われたことを言われたままきっちりとやるそうだが、ベトナムの人は何とか改善しようとするというような気質の違いを感じたそうである。日本がアジアと共に成長するということは、自然で最も効果的な方法なのかもしれない。B氏は、企業名や企業規模ではなく、自分がやりたいと思っている技術を開発し、それが世に出ることで皆が喜んでくれるという社会貢献ができることが技術者にとって最も重要なのではないかと語ってくれた。

2　川村、2015。

終章

技術流出と技術獲得の狭間で

　日本は今、2つの意味で技術流出と技術獲得の狭間に立たされている。1つは、日本企業からリストラ人材等が新興国などに移動し、技術が流出し、その技術を獲得した新興国企業から追い上げられるという状況に追い込まれているという意味においてである。2つ目は、今後日本も積極的に新興国に進出し、現地の技術も獲得していくべき時期に来ているにもかかわらず、技術流出を恐れるあまり、積極的に事業が拡大できないという状況に追い込まれているという意味においてである。

　確かに、人材流出に伴う技術流出に危機感を持ち、そのための対策を行うこと自体は重要なことであると考える。特に、悪意を持って技術やデータを持ち出そうとする行為は、決して許されるべきものではない。しかし、大半の技術者・研究者は、それまでに培った知識や能力をどこかで活かしたいと考えて、海外企業を選択する人がほとんどである。それにもかかわらず、一方的にリストラを行いながら、転職を禁じたり、頭の中にある知識を活かすことを過度に禁じたりするというのでは、技術者・研究者に酷にすぎるように思われる。今の日本企業に求められるのは、移動者や受け入れ先企業を非難することではなく、新たなイノベーションを創出するため、技術や人材の効果的な活用について再検討することではないだろうか。

　本研究では、新たなイノベーションを創出する上で、人材が果たす役割の重要性が示された。東アジア企業は、日本企業の中から優秀なR&D人材を的確に選び、採用していることが明らかになった。アジア新興国企業へ移動した日本の技術者の多くは、大企業出身で、国内トップクラスの特許生産性、優秀度の人材であることが示されたから

である。

　また、イノベーション創出のためには、人材の育成が重要な鍵を握ることが示された。本研究で明らかにした通り、東アジア企業の中には、ローカル技術者が日本企業出身者と共同研究を行うことで技術学習を行い、日本技術を模倣し、量産する能力を既に身につけている企業がある。そして、独創的なイノベーションを創出するという最後のステップが未だ実現できていない状況にあると考えられる。この点、サムスンや鴻海の技術は模倣に過ぎないと揶揄し、日本の高い技術レベルには到底及ばないとの論調を見る機会も少なくない。しかし、経営学者のオーデット・シェンカーも「模倣は希少で複雑な戦略能力であり、イノベーション創出に不可欠である[1]」と述べている通り、近年、経営学においても模倣の重要性が再認識されている。「模倣は独創の母である[2]」という言葉に示されるように、模倣できる能力は軽視できるものではなく[3]、「模倣」の段階をクリアした東アジア企業は、独自のイノベーションまであと少しの段階にあると言えるのかもしれない。

　日本も、アメリカやヨーロッパの技術を模倣するところから始め、改善・改良を重ねることで技術力を向上させてきた。その結果、半導体や液晶パネル、高性能カメラなど様々な技術分野で他の追随を許さない高い技術力を築き、世界をリードしてきた。その立役者は紛れもなく多くの企業内技術者・研究者であった。しかし、長引く不況の影響もあり、日本企業は多くの優秀な技術者の流出を許してしまっている。本研究で明らかにした通り、大手電機メーカーでリストラが本格化した後に、多くの人材が東アジア企業へと流出した。しかも流出した人材は、特許生産性が国内上位25％に入る優秀な人材がほとんどである。企業はリストラをすれば優秀な人材から流出するということを前提に人材マネジメントを再構築する必要があるだろう。

　また、本研究で明らかにした通り、今後は台湾やシンガポール、マレーシア等のアジア地域への移動者が増加することが予想される。日

1　シェンカー、2013。
2　小林孝雄の言葉である。「模倣は独創の母である。唯一人のほんとうの母親である。二人を引離して了ったのは、ほんの近代の趣味に過ぎない」と述べている。
3　井上、2012。

本企業は、新たな人材流動化の波にどのように対処すべきかを改めて考え直しておかなければ、次はこれらの国に追いつかれ、追い抜かれる可能性も否定できない。人材は縛り付けることのできない性質の企業の財産である。優秀な人材からグローバルに流動化する時代に、優秀な人材を惹きつけ、活用するためのマネジメントが求められている。人材の重要性を再認識し、優れた技術力を活用することによって、再び日本企業がグローバル競争の中でプレゼンスを取り戻すことが期待される。

　一方で、日本企業の技術者・研究者・その他社員にとっては、大きく可能性が広がっていると言えるだろう。アジア企業からの期待が非常に高いこと、日本企業のR&D人材は、アジアのローカル人材と比較して、特許生産性や質の高いイノベーションの創出に資するということが示唆されたからである。今では、韓国、中国のみならず、タイやシンガポール、マレーシアなどアジア各国が日本の人材を欲している。日本企業での研究開発経験、業務経験は、韓国、中国、台湾企業のみならず、アジア各国のイノベーションに貢献し得るものと考える。アジア圏内の人材流動化がさらに進めば、優れた技術やノウハウを身につけた技術者にはより良い環境を自らの意思で掴む機会が一層増すことになるだろう。日本の技術者が国境を越えてグローバルに活躍し、アジア、そして世界の新たなイノベーション創出を牽引することを期待したい。

参考文献

Abramovitz, M. 1986. Catching up, forging ahead, and falling behind. *The Journal of Economic History, 46*, 385-406.
Ackers, L. 2001. The participation of women researchers in the TMR programme of the European Commission. The European Commission.
Acs, Z., Audretsch, D., & Feldman, M. 1992. Real effects of academic research: Comment. *American Economic Review, 82*(1), 363-369.
Acs, Z., Audretsch, D., & Feldman, M. 1994. R&D spillovers and recipient firm size. *The Review of Economics and Statistics, 76*(2), 336-340.
Agrawal, A., Cockburn, I., & McHale, J. 2006. Gone but not forgotten: Knowledge flows, labor mobility, and enduring social relationships. *Journal of Economic Geography, 6*(5), 571-591.
Ahuja, G., & Lampert, C. M. 2001. Entrepreneurship in the large corporation: A longitudinal study of how established firms create breakthrough inventions. *Strategic Management Journal, 22*, 521-543.
Akamatsu, K. 1962. A historical pattern of economic growth in developing countries. *The Developing Economies, 1*(1), 3-25.
Albert, M. B., Avery, D., Narin, F., & McAllister, P. 1991. Direct validation of citation counts as indicatours of industrially important patents. *Research Policy, 20*, 251-259.
Allen, J. 1997. Economics of power and space. In R. Lee & J. Wills (Eds.), *Geographies of economics* (pp. 59-70), Routledge.
Allen, T. J. 1984. *Managing the flow of technology: Technology transfer and the dissemination of technological information within the R&D organization.* The MIT Press.
Almeida, P., & Kogut, B. 1999. Localization of knowledge and the mobility of engineers in regional networks. *Management Science, 45*(7), 905-917.
Amsden, A. H. 1992. *Asia's next giant: South Korea and late industrialization.* Oxford University Press.
Angel, D. P. 1989. The labor market for engineers in the U.S. Semiconductor Industry. *Economic Geography, 65*(2), 99-112.
Arndt, H. W. 1989. *Economic development: The history of an idea.* University of Chicago Press.
Arrow, K. J. 1962. The economic implications of learning by doing. *The Review of Economic Studies, 29*(3), 155-173.

Asakawa, K. 2001. Evolving head quarters-subsidiary dynamics in international R&D: The case of Japanese multinationals. *R&D Management, 31*(1), 1-14.

Audretsch, D. B., & Keilbach, M. 2005. The mobility of Economic Agents as conduit of knowledge spillovers. In D. Fornahl et al. (Eds.), *The role of labour mobility and informal networks for knowledge transfer* (pp. 8-25). Springer US.

Audretsch, D. B., & Maryann, P. F. 1996. R&D spillovers and the geography of innovation and production. *The American Economic Review, 86*(3), 630-640.

Bartlett, C. A., & Ghoshal, S. 1999. *Managing across borders: The transnational solution.* Harvard Business School Press.

Berhman, J. N., & Fischer, W. A. 1980. Overseas R&D activities of transnational companies. *The International Executive, 22*(3), 15-17.

Birkinshaw, J., & Hood, N. 1998. Multinational subsidiary evolution: Capability and charter change in foreign-owned subsidiary companies, *Academy of Management Review, 23*(4), 773-795.

Bonacich, P. 1972. Factoring and weighting approaches to status scores and clique identification. *Journal of Mathematical Sociology, 2*(1), 113-120.

Bonacich, P. 2007. Some unique properties of eigenvector centrality. *Social Networks, 29*(4), 555–564.

Borgatti, S. P. 2005. Centrality and network flow. *Social Networks, 27,* 55-71.

Branstetter, L. 2001. Are knowledge spillovers international or intranational in scope?: Microeconometric evidence from the U.S. and Japan. *Journal of International Economics, 53*(1), 53-79.

Braunerhjelm, P., Zoltan, J. A., Audretsch, D. B., & Carlsson, B. 2010. The missing link: Knowledge diffusion and entrepreneurship in endogenous growth. *Small Business Economics, 34*(2), 105-125.

Breschi, S., & Lissoni, F. 2003, Mobility and social networks: Localised knowledge spillovers revisited, CESPRI Working Paper.

Burt, R. S. 1992. *Structural holes.* Harvard University Press.

Carpenter, M., Narin, F. & Woolf, P. 1981. Citation rates to technologically important patents, *World Patent Information, 3,* 160-163.

Chang, H-J. 1993. The political economy of industrial policy in Korea, *Cambridge Journal of Economics, 17*(2), 131-157.

Crane, D. 1972. *Invisible colleges: Diffusion of knowledge in scientific communities.* University of Chicago Press.

Crépon, B., Duguet, E. & Mairesse, J. 1997. Research and development, innovation and productivity: An econometric analysis at the firm level.

Economics of Innovation and New Technology, 7(2), 115-158.

Cross, R., Parker, A., Prusak, L., & Borgatti, S. 2001. Knowing what we know: Supporting knowledge creation and sharing in social networks. *Organizational Dynamics, 30*(2), 100-120.

Delios, A. 2010. How can organizations be competitive but dare to care? *The Academy of Management Perspectives, 25*(3), 24-35.

Duguet, E., & MacGarvie, M. 2005. How well do patent citations measure flows of technology? Evidence from French innovation surveys. *Economics of Innovation and New Technology, 14*(5), 375-393.

Ernst, H. 1997. The use of patent data for technological forecasting: The diffusion of CNC-technology in the machine tool industry. *Small Business Economics, 9*(4), 361-381.

Ernst, D., & Lundvall, B. A. 2004. Information technology in the learning economy: Challenges for developing countries. In E. S. Reinert (Ed.), *Globalization, economic development and inequality: An alternative perspective.* Edward Elgar Publishing.

Ettlie, J. E. 1985. The impact of interorganizational manpower flows on the innovation process. *Management Science, 31*(9), 1055-1071.

Feldman, M. P., & Audretsch, D. B. 1999. Innovation in cities: Science-based diversity, specialization and localized competition. *European Economic Review, 43*(2), 409-429.

Fleming, L. 2004. Perfecting cross-pollination. *Harvard Business Review, 82*(9), 22-24.

Fleming, L., & Sorenson, O. 2004. Science as a map in technological search. *Strategic Management Journal, 25*, 909-928.

Freeman, C., & Soete, L. 1997. *The economics of industrial innovation.* MIT Press.

Freeman, L. C. 1979. Centrality in social networks conceptual clarification. *Social Networks, 1*, 215-239.

Gerschenkron, A. 1962. Economic backwardness in historical perspective. Belknap Press.

Goto, A., & Motohashi, K. 2007. Construction of a Japanese patent database and a first look at Japanese patenting activities. *Research Policy, 36*(9), 1431-1442.

Gould, D. & Ruffin, R. 1995. Human capital, trade, and economic growth. *Weltwirtcschaftliches Archiv, 131*(3), 425-445.

Govindarajan, V., & Ramamurti, R. 2011. Reverse innovation, emerging markets, and global strategy, *Global Strategy Journal*, *1*(3-4), 191-205.

Granovetter, M. 1985. Economic action and social structure: The problem of embeddedness. *American Journal of Sociology*, *9*(3), 481-510.

Griliches, Z. 1990. Patent statistics as economic indicators: A survey. *Journal of Economic Literature*, *28*, 1661-1797.

Griliches Z. 1994. Productivity, R&D, and the data constraint. *The American Economic Review*, *84*(1), 1-23.

Griliches, Z. & Regev, H. 1995. Productivity and firm turnover in Israeli industry. *Journal of Econometrics*, *65*(1), 175-203.

Grossman, G.M., & Helpman, E. 1990. Trade, innovation, and growth. *The American Economic Review*, *80*(2), 85-91.

Hall, B. H., & Mairesse, J. 1995. Exploring the relationship between R&D and productivity in French manufacturing firms. *Journal of Econometrics*, *65*(1), 263-293.

Hall, B. H., Jaffe, A. B., & Trajtenberg, M. 2001. The NBER patent citation data file: Lessons, insights and methodological tools, NBER Working Paper No. 8498.

Harhoff, D. 1998. R&D and productivity in German manufacturing firms. *Economics of Innovation and New Technology*, *6*(1), 29-50.

Harhoff, D., Narin, F., Scherer, F. M., & Vopel, K. 1999. Citation frequency and the value of patented inventions. *The Review of Economics and Statistics*, *81*(3), 511-515.

Hausman, J., Hall, B. H., & Griliches, Z. 1984. Econometric models for count data with an application to the patents R&D relationship. *Econometrica*, *52*, 909-938.

Hobday, M. 1995. Innovation in East Asia: Diversity and development. *Technovation*, *15*(2), 55-63.

Hu, A. G. Z., & Jefferson, G. H. 2002. FDI impact and spillover: Evidence from China's electronic and textile industries. *The World Economy*, *25*, 1063-1076.

Ibarra, H. 1992, Homophily and differential returns: Sex differences in network structure and access in an advertising firm. *Administrative Science Quarterly*, *37*(3), 422-447.

Igor, F., Liu, X., Buck, T., & Wright. M. 2009. The export orientation and export performance of high-technology SMEs in emerging markets: The effects of knowledge transfer by returnee entrepreneurs. *Journal of International Business Studies*, *40*, 1005-1021.

Igor, F., Liu, X., Lu, J., & Wright, M. 2011. Knowledge spillovers through human mobility across national borders: Evidence from Zhongguancun Science Park in China. *Research Policy, 40*, 453-462.

Immelt, J. R., Govindarajan, V., & Trimble, C. 2009. How GE is disrupting itself. *Harvard Business Review, 87*(10), 55-65.

Jaffe, A., Trajtenberg, M., & Fogarty, M. 2002. The meaning of patent citations: Reports on the NBER/Case-western reserve survey of patentee. In A. Jaffee & M. Trajtenberg (Eds.), *Patents, citations and innovations* (pp. 1-43). The MIT Press.

Jaffe, A., Trajtenberg, M., & Henderson, R. 1993. Geographic localization of knowledge spillovers as evidenced by patent citations. *The Quarterly Journal of Economics, 108*(3), 577-598.

Javorcik, B. S. 2004. Does foreign direct investment increase the productivity of domestic firms? In search of spillovers through backward linkages. *American Economic Review, 94*(3), 605-627.

Kerr, W. R. 2008, Ethnic scientific communities and international technology diffusion. *The Review of Economics and Statistics, 90*(3), 518-537.

Khanna, T., Song, J., & Lee, K. 2011. The paradox of samsung's rise'. *Harvard Business Review, 89*(7/8), 142-147.

Kim, L. 1997. *Imitation to innovation: The dynamics of Korea's technological learning*. Harvard Business School Press.

Kolaczyk-Dziubalska, K. 2009. NP extension: B&B phonotactics. *Poznań Studies in Contemporary Linguistics, 45*(1), 55-71.

Kuemmerle, W. 1997. Building effective R&D capabilities abroad. *Harvard Business Review, 75*, 61-72.

Kuo, C.C., & Yang, C.H. 2008, Knowledge capital and spillover on regional economic growth: Evidence from China. *China Economic Review, 19*, 599-604.

Kuznets, S. 1966. *Modern economic growth: Rate, structure and spread*, Yale University Press.

Le, H. Q., & Pomfret, R. 2011. Technology spillovers from foreign direct investment in Vietnam: Horizontal or vertical spillovers? *Journal of the Asia Pacific Economy, 16*(2), 183-201.

Lee, K. 2005. Making a technological catch-up: Barriers and opportunities, *Asian Journal of Technology Innovation, 13*(2), 97-131.

Lee K., & Lim, C. 2001. Technological regimes, catching-up and leapfrogging: Findings from the Korean industries. *Research Policy, 30*(3), 459-483.

Leonard, D., & Swap, W. 2005. Deep smarts. *Harvard Business Review, 30*(2), 157-169.

Liu, C.-H. 2011. The effects of innovation alliance on network structure and density of cluster. *Expert Systems with Applications, 38*, 299-305.

Lowell, B. L. 2003. The need for policies that meet the needs of all. *Science and Development Network.*

Mairesse, J., & Hall, B. H. 1996. Estimating the productivity of research and development in French and United States manufacturing firms: An exploration of simultaneity issues with GMM methods. *Contributions to Economic Analysis, 233*, 285-315.

Marsden, P. V. 2002. Egocentric and sociocentric measures of network centrality. *Social Networks, 24*(4), 407-422.

Maurseth, P. B., & Verspagen, B. 2002. Knowledge spillovers in Europe: A patent citations analysis. *The Scandinavian Journal of Economics, 104*(4), 531-545.

Mu, Q., & Lee, K. 2000. Knowledge diffusion, market segmentation and technological catch-up: The case of the telecommunication industry in China. *Research Policy, 34*(6), 759-783.

Newman, M. E. J. 2004. Coauthorship networks and patterns of scientific collaboration. *PNAS, 101*(1), 5200-5205.

Page, J. M. 1994. The East Asian miracle: An introduction. *World Development, 22*(4), April, 615-625.

Pakes, A., & Griliches, Z. 1984. Estimating distributed lags in short panels with an application to the specification of depreciation patterns and capital stock constructs. *Review of Economic Studies, 51*(2), 243-262.

Pakes, A., & Schankerman, M. 1984. The rate of obsolescence of patents, research gestation lags, and the private rate of return to research resources. *R & D, Patents, and Productivity* (pp. 73-88). University of Chicago Press.

Perez, C., & Soete, L. 1988. Catching up in technology: Entry barriers and windows of opportunity. In G. Dosi et al. (Eds.), *Technical change and economic theory* (pp. 458-479). Francis Pinter.

Powell, W. W., Koput, K. W., & Smith-Doerr, L. 1996. Interorganizational collaboration and the locus of innovation: Networks of learning in biotechnology. *Administrative science Quarterly, 41*, 116-145.

Romer, D. 1996. *Advanced macroeconomics.* The McGraw-Hill Companies, Inc.

Ronstadt, R. 1977. *Research and development abroad by U.S. multinationals.* Praeger.

Rosenberg, N. 1983. *Inside the black box: Technology and economics.* Cambridge University Press.

Rosenkopf, L., & Nerkar, A. 2001. Beyond local search: Boundary-spanning, exploration, and impact in the optical disk industry. *Strategic Management Journal, 22*, 287-306.

Saint-Paul, G. 2004. The brain drain: Some evidence from European Expatriates in the United States. Discussion paper 4680, Center for Economic Policy Research.

Saxenian, A. 1994. *Regional advantage*. Harvard University Press.

Singh, J. 2005. Collaborative networks as determinants of knowledge diffusion patterns. *Management Science, 51*(5), 756-770.

Song, J., Almeida, P., & Wu, G. 2003. Learning-by-hiring: When is mobility more likely to facilitate interfirm knowledge transfer? *Management Science, 49*(4), 351-365.

Song, J., & Lee, K. 2014. *The Samsung way: Transformational management strategies from the world leader in innovation and design*. McGraw-Hill.

Stuart, T. E., & Podolny, J. M. 1996. Local search and the evolution of technological capabilities. *Strategic Management Journal, 17*, 21-38.

Thompson, P., & Fox-Kean, M. 2005, Patent citations and the geography of knowledge spillovers: A reassessment. *American Economic Review, 95*(1), 450-560.

Trajtenberg, M. 1990. A penny for your quotes: Patent citations and the value of innovations. *The Rand Journal of Economics, 21*(1), 172-187.

Trippl, M., & Maier, G. 2010, Knowledge spillover agents and regional development. *Papers in Regional Science, 89*(2), 229-233.

Tsai, W. 2001, Knowledge transfer in intraorganizational networks: Effects of network position and absorptive capacity on business unit innovation and performance. *Academy of Management Journal, 40*(5), 966-1004.

Tsvetovat, M., & Kouznetsov, A. 2011. *Social network analysis for startups*. O'Reilly Media, Inc.

Wade, R. 1990. *Governing the market: Economic theory and the role of government in East Asian industrialization*. Princeton University Press.

Walker, G., Kogut, B., & Shan, W. 1997. Social capital, structural holes and the formation of an industry network. *Organization Science, 8*(2), 109-125.

Walsh J. P., & Nagaoka, S. 2009, Who invents? Evidence from the Japan-U.S. inventor survey. RIETI Discussion Papers.

Wehrli, S. 2008. Personality on social network sites: An application of the five factor model. TH Zurich Sociology Working Paper No. 7.

Westphal, L. E. 1990. Industrial policy in an export propelled economy: Lessons from South Korea's experience. *The Journal of Economic Perspectives. 4*(3), 41-59.

Whalley, J., & Xin, X. 2010. China's FDI and non-FDI economies and the sustainability of future high Chinese growth. *China Economic Review, 21*(1), 123-135.

World Bank. 1993. *The East Asian miracle: Economic growth and public policy*. Oxford University Press.

Yasar, M., & Morrison, P. C. J. 2007. International linkages and productivity at the plant level: Foreign direct investment, exports, imports and licensing. *Journal of International Economics, 71*(2), 373-388.

Youndt, M. A., Snell, S. A. Dean, Jr. J. W., & Lepak, D. P. 1996. Human resource management. Manufacturing strategy, and firm performance. *Academy of Management Journa*l, *39*(4), 836-866.

Yukawa, S. 2012. The effect of recreational goods price on fertility. MPRA Paper No. 35808.

Zellner, C. 2003. The economic effects of basic research: Evidence for embodied knowledge transfer via scientists' migration. *Research Policy, 32*, 1881-1895.

Zucker, L. G., & Darby, M. R. 1996. Star scientists and institutional transformation: Patterns of invention and innovation in the formation of the biotechnology industry. *Proceedings of the National Academy of Sciences of the United States of America, 93* (23), 12709-12716.

Zucker, L.G., & Darby, M. R. 1997. Individual action and the demand for institution. *American Behavioral Scientist, 4*, 502-513.

赤羽 淳　2004.「台湾 TFT-LCD 産業—発展過程における日本企業と台湾政府の役割」『アジア研究』*50*(4)、1-19。

赤羽 淳　2007.『台湾 TFT-LCD 産業の今日的発展メカニズム—キャッチアップ型工業化の過程を超えて』アジア経済研究所。

赤羽 淳　2014.『東アジア液晶パネル産業の発展：韓国・台湾企業の急速キャッチアップと日本企業の対応』勁草書房。

赤松 要　1972.「世界貿易の展望 世界経済の異質化と同質化」、小島 清・松永嘉夫編『世界経済と貿易政策』ダイヤモンド社。

朝元照雄　1996.『現代台湾経済分析』勁草書房。

朝元照雄　2011.『台湾の経済発展：キャッチアップ型ハイテク産業の形成過程』勁草書房。

石田 賢　2013.『サムスン式国際戦略：サムスン躍進の原動力』文眞堂。

石田英夫　1985.『日本企業の国際人事管理』日本労働協会。

伊藤萬里・八代尚光　2011.「グローバル化と中国の経済成長」RIETI Policy

Discussion Paper Series。

井上達彦　2012.『模倣の経営学：偉大なる会社はマネから生まれる』日経BP社。

薄上二郎　1997.「日本企業の海外留学制度の現状とこれからを考える」『企業と人材』30(675)、4-8。

遠藤健治　2004.『中国的工場カイゼン記』(日経ものづくり)、日経BP社。

大川一司　1976.『経済発展と日本の経験』大明堂。

小川紘一　2014.『オープン＆クローズ戦略：日本企業再興の条件』翔泳社。

尾高煌之助［述］・法政大学イノベーション・マネジメント研究センター編　2008.『明治のお雇い外国人たちと産業発展の構図』法政大学イノベーション・マネジメント研究センター。

川上桃子　2012.『東アジアのエレクトロニクス産業からみたキャッチアップ型成長』アジア経済研究所。

川村 隆　2015.『ザ・ラストマン』角川書店。

金 雅美（Kim Ahmi）　2002.『派遣MBAの退職：日本企業における米国MBA派遣制度の研究』学文社。

金 泳鎬（Kim Young-ho）　1998.『東アジア工業化と世界資本主義：第4世代工業化論』東洋経済新報社。

呉 明憲（Go Meiken）　2013.「中国5倍、10倍の年収で引き抜き チャイナマネーがのみ込む台湾の人材」World Scope。

児玉文雄編　2008.『技術潮流の変化を読む』日経BP社。

ゴビンダラジャン、V. & トリンブル、C. 著、渡辺典子訳　2012.『リバース・イノベーション―新興国の名もない企業が世界市場を支配するとき』ダイヤモンド社

齋藤卓爾　2011.「日本企業による社外取締役の導入の決定要因とその効果」、宮島英昭編著『日本の企業統治：その再設計と競争力の回復に向け』東洋経済新報社。

坂田一郎・梶川裕矢・武田善行・柴田尚樹・橋本正洋・松島克守　2006.「地域クラスター・ネットワークの構造分析— 'Small-world' Networks 化した関西医療及び九州半導体産業ネットワーク」PRIETI Discussion Paper Series 06-J-055、経済産業研究所。

佐藤幸人　2008.『台湾の企業と産業』アジア経済研究所。

佐藤幸人　2012.『キャッチアップ型工業化論の再検討と開発主義国家論の現段階』アジア経済研究所。

シェンカー、O. 著、井上達彦監訳、遠藤真美訳　2013.『コピーキャット―模倣者こそがイノベーションを起こす』東洋経済新報社。

新宅純二郎　1992.「競争と技術転換―日米カラーテレビ産業の比較分析を通じて」『学習院大学経済経営研究所年報』第5巻、3月、1-24。

末永啓一郎　2012.「雁行形態論における分業とキャッチアップ The Flying-Geese Theory, Division of Labor, and Catching-up」『政経論叢』*80*(3・4)、明治大学政治経済研究所、463-482。

末廣 昭　2000.『キャッチアップ型工業化論』名古屋大学出版会。

末廣 昭　2014.『新興アジア経済論―キャッチアップを超えて』岩波書店。

たちばな右近　2012.『サムスンから学ぶ勝者の条件』電波新聞社。

谷崎 光　2014.『日本人の値段』小学館。

湯 進（Tang Jin）　2009.『東アジアにおける二段階キャッチアップ工業化：中国電子産業の発展』専修大学出版局。

鶴岡公幸　2003.「MBA 派遣と人材戦略」『企業と人材』*36*(819)、13-19。

竇 少杰（Dou, Shaojie）. 2009.「技術者の賃金管理の日中比較研究：日本のT社と中国のW社」『評論・社会科学』*89*、89-109。

戸堂康之　2008.『技術伝播と経済成長：グローバル化時代の途上国経済分析』勁草書房。

中岡哲郎　1990.『技術形成の国際比較：工業化の社会的能力』筑摩書房。

沼上 幹　2013.『戦略分析ケースブック Vol. 3』東洋経済新報社。

服部民夫　1988.『韓国の経営発展』文眞堂。

服部民夫　2007.『東アジア経済の発展と日本：組立型工業化と貿易関係』東京大学出版会。

馬場敏幸　2005.『アジアの裾野産業：調達構造と発展段階の定量化および技術移転の観点より』白桃書房。

馬場敏幸　2013.『アジアの経済発展と産業技術 = Economic Development and Industrial Technology in Asia：キャッチアップからイノベーションへ』ナカニシヤ出版。

林 倬史　2008.「新製品開発プロセスにおける知識創造と異文化マネジメント―競争優位とプロジェクト・リーダー 能力の視点から」『立教ビジネスレビュー』*1*、16-32。

平井祐理・渡部俊也・犬塚 篤　2013.「日本の大学発ベンチャーのトップ・マネジメント・チームが業績に与える影響に関する実証研究」『研究技術計画』*27*(3/4)、259-272。

福本武久　2013.『殖産興業と人づくり』PHP オンライン。

藤原綾乃　2015.「フォロワー企業の外部人材活用による学習効果に関する実証分析」東京大学博士論文。

ペリン、N. 著、川勝平太訳　1991.『鉄砲を捨てた日本人―日本史に学ぶ軍縮』中央公論社。

堀内達夫　2006.「日本近代技術教育と学校モデルの移転」『職業と技術の教育学』*17*、7-14。

馬 大衛（Ma Dawei） 2013.『中国企業M&A活動に伴う組織文化統合活動に関する研究：その失敗の原因及び対応策を中心に』桜美林大学博士論文。

マイケルズ、E.、ハンドフィールド・ジョーンズ、H. & アクセルロッド、B. 著 マッキンゼー・アンド・カンパニー監訳 2002.『ウォー・フォー・タレント―人材育成競争』翔泳社。

馬 瑞萍（Ma Ruiping） 2002.「外国技術・外資の積極的利用と中国における工業の発展促進：積極的利用の役割と当面の問題点」、大阪市立大学『季刊経済研究』25(2)、107-132。

丸川知雄 2012.「技術のキャッチアップとキャッチダウン」『キャッチアップ再考』第7章、アジア経済研究所。

丸川知雄・駒形哲哉 2012.『発展途上国のキャッチダウン型イノベーションと日本企業の対応―中国の電動自転車と唐沢製作所』RIETI Discussion Paper Series 12-J-029。

宮島英明 2012.『日本企業の取締役会構成の変化をいかに理解するか？：取締役会構成の決定要因と社外取締役の導入効果』RIETI。

村上由紀子 2003.『技術者の転職と労働市場』白桃書房。

元橋一之 2011.「技術で新興国市場を開拓する」、渡部俊也編『グローバルビジネス戦略』（東京大学知的資産経営総括寄付講座シリーズ）、白桃書房。

元橋一之 2012.「研究開発のグローバル化に関する新たな潮流：新興国の台頭と日本企業の対応」『組織科学』46(2)、4-14。

柳 吉相 2004.「大韓民国における外国人雇用許可制」『日本労働研究雑誌』46(10)、48-54。

山口一男 2009.『ワークライフバランス：実証と政策提言』日本経済新聞出版社。

吉岡英美 2006a.「韓国半導体産業の技術発展―三星電子の要素技術開発の事例を通じて」『アジア経済』47(3)、2-20。

吉岡英美 2006b.「韓国の工業化と半導体産業の技術発展」、九州大学『韓国経済研究』6、19-33。

吉岡英美 2010.『韓国の工業化と半導体産業：世界市場におけるサムスン電子の発展』有斐閣。

吉岡英美 2012.『韓国半導体産業の新局面―キャッチアップを超えて』アジア経済研究所。

李 炳夏（Lee Byurg-Ha）・新宅純二郎 2012.『サムスンの戦略人事―知られざる競争力の真実』日本経済新聞出版社。

林 毅夫（Lin Yifu）著、劉 徳強翻訳 2012.『北京大学 中国経済講義』東洋経済新報社。

和島功樹 2010.「企業の技術的探索と協調的行動が必須特許の獲得に与える影響の検証―DVD・MPEG標準パテントプールを対象とした実証研究」東京大

学修士論文。
渡辺利夫　1982.『現代韓国経済分析―開発経済学と現代アジア』勁草書房。
渡部俊也　2011.「企業経営に資する特許情報とその活用」Japio、68-73。

索　引

［英文・数字］

Almeida, P.　173

Beyond Search　102
BOE テクノロジーグループ ➡ 京東方科技集団
Bonacich, P.　84
BRICS　1

Changhong ➡ 長虹

Fleming, L.　137
Fortune Global 500　2

GE ➡ ゼネラル・エレクトリック
Gephi　82

Haier ➡ 海爾集団
HBA　162
HBE　162
HHI ➡ ハーフィンダール・ハーシュマン指数
Hisense Group ➡ 海信集団
Hon Hai Precision Industry ➡ 鴻海精密工業
Huawei ➡ ファーウェイ
Hyundai ➡ 現代

Igor, F.　101
IPC　18

Kerr, W. R.　101
Kogut, B.　173

learning-by-doing ➡ 製造学習
learning-by-hiring ➡ 雇用学習
learning-by-integrating ➡ 統合学習
learning-by-using ➡ 利用学習
LG エレクトロニクス　62
Local Search　102

Mergent Online　144
Midea Group ➡ 美的集団

Nagaoka, S.　37

psmatch2　130

Rosenbaum, P. R.　126
Rubin, D. B.　126

Samsung ➡ サムスン電子
Saxenian, A.　173
SIC Code　144
Song, J.　159

Walsh, J. P.　37

Xiaomi ➡ シャオミ

ZTE ➡ 中興通訊

207

[ア 行]

アブソープティブキャパシティ　121
アロー、K.J.　167
暗黙知（暗黙的〔な〕知識）　155、168
李健熙（イ・ゴンヒ）　55、105
1特許あたり平均引用回数　43
1特許あたり平均被引用回数　43
李秉喆（イ・ビョンチョル）　55、105
移動時期　21
移動平均法　28
海亀政策　8
営業秘密　26
遠方探索　102
応用研究　161
尾高煌之助　138
お雇い外国人　53

[カ 行]

華為技術　30、60
開発研究　161
外国技術借用　98
海爾集団　30
海信集団　5
外部知識　166
郭台銘（カク・タイメイ）総裁　59、105
陰の実力者　78
過去の実績　55
ガーシェンクロン　149
雁行形態論　150
技術移転　152
技術学習　100、156
技術獲得型　167
技術顧問　39
技術導入契約　152
技術流出　26
基礎研究　161
希望・早期退職者　9
キャッチアップ型工業化　150
キャッチアップ過程　149
キャッチアップの天井　171
キャリア年数　23、74
吸収能力　117
京東方科技集団　30
局所探索　102
近接中心性　86
クズネッツ、S　150
グローバル企業　162
経験技術分野の多様性　24
形式知（形式的知識）　168
決定要因分析　54
研究ユニット　103
現代　64
現地開発型　167
鴻海精密工業　58
高度人材　7
後発性の優位論　150
後方引用情報　108
児玉文雄　167
固有ベクトル中心性　84
雇用学習　103、159、173

[サ 行]

サムスン電子　55
産業スパイ行為　53
次数中心性　83
質的イノベーション　132
資本財の輸入　152
自前主義　165
社交性　78

シャオミ（小米科技）　6
社内ネットワーク　74
準大企業　40
情報処理技術　171
人材獲得競争　7
人材の流動性　15
スター性　77
頭脳還流　7
頭脳交換　7
頭脳流出　7
頭脳流入　7
スペシャリスト的技術者　49、100
制御変数　88
生産性　101
政治力　78
製造学習　154、167
説明変数　87
ゼネラリスト的な技術者　49、100
ゼネラル・エレクトリック　163
セル生産方式　189
前方引用情報　109
専門性　75
属性ベースの模倣　111
ソーシャル・キャピタル理論　175

[タ　行]

体化　168
大企業　40
対話の質　137
多国籍企業　161
たちばな右近　39
谷崎光　40
ダミー変数　87
多様性　48
知識移転　173
仲介力　78
中堅企業　40

中興通訊　30
長虹　5
直接投資　152
鄭周永（チョン・ジュヨン）　64
電機大手8社　40
統合学習　154、170
同定　21
独創的開発　101
特許生産性　23、43

[ナ　行]

内生性　124
ナレッジスピルオーバー　101
ナレッジフロー　108
ネットワーク分析　79
ノード　83

[ハ　行]

灰色の枢機　78
パイオニア的手法　102
媒介中心性　85
ハイグェイ➡海亀政策
ハーフィンダール・ハーシュマン指数　24
東アジアの奇跡　150
被説明変数　87
美的集団　40
一人屋台生産方式　189
ヒュンダイ➡現代
ファーウェイ➡華為技術
フォロワー　104
複雑技術の応用力　24、74
ブラックボックス化　158
プロペンシティスコアマッチング（傾向スコア分析）　125
ペリン、ノエル　99
平均処置効果　129

索　引　209

[マ　行]

模倣　　101
模倣戦略　　100

[ヤ　行]

優秀度　　23、74

[ラ　行]

リバース・イノベーション　　163

リバースエンジニアリング　　158
リープフロッグ現象　　151
利用学習　　154、167
林毅夫（リン・イーフー）　　98
リンク数　　83
ローゼンバーグ、N.　　167

■著者紹介

藤原　綾乃（ふじわら　あやの）

東京大学大学院工学系研究科博士課程修了（技術経営戦略学専攻）。博士（工学）（東京大学）。東京大学経済学部卒業。知的財産研究所特別研究員を経て、現職は大阪大学大学院国際公共政策研究科・特任助教。稲盛財団（稲盛和夫理事長）寄付講座にて「人材流動化とイノベーション」等の講義を担当。専門は、技術経営戦略論、イノベーション論。

■**技術流出の構図**
　エンジニアたちは世界へとどう動いたか

■発行日──2016年2月16日　初版発行　　〈検印省略〉

■著　者──藤原　綾乃

■発行者──大矢栄一郎

■発行所──株式会社　白桃書房
　　　　　〒101-0021　東京都千代田区外神田5-1-15
　　　　　☎03-3836-4781　℻03-3836-9370　振替00100-4-20192
　　　　　http://www.hakutou.co.jp/

■印刷・製本──平文社

Ⓒ Ayano Fujiwara 2016　Printed in Japan　ISBN978-4-561-26668-6　C3034
本書のコピー、スキャン、デジタル化等の無断複製は著作権法での例外を除き禁じられています。本書を代行業者等の第三者に依頼してスキャンやデジタル化することは、たとえ個人や家庭内の利用であっても著作権法上認められておりません。

JCOPY　〈(社)出版者著作権管理機構委託出版物〉
本書の無断複写は著作権法上での例外を除き禁じられています。複写される場合は、そのつど事前に、(社)出版者著作権管理機構（電話03-3513-6969、FAX03-3513-6979、e-mail: info@jcopy.or.jp）の許諾を得てください。

落丁本・乱丁本はおとりかえいたします。

好 評 書

イノベーターの知財マネジメント
―「技術の生まれる瞬間」から「オープンイノベーションの収益化」まで―
渡部俊也著

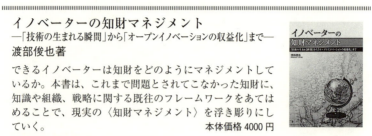

できるイノベーターは知財をどのようにマネジメントしているか。本書は、これまで問題とされてこなかった知財に、知識や組織、戦略に関する既往のフレームワークをあてはめることで、現実の〈知財マネジメント〉を浮き彫りにしていく。　　　　　　　　　　　　　本体価格 4000 円

国際標準化と事業戦略
―日本型イノベーションとしての標準化ビジネスモデル―
小川紘一著

現在の電機産業の不振の原因は、欧米企業が導く標準化ビジネスモデルにあった。モジュラー化の波によって競争のルールが激しく変わる現在、欧米企業に勝つための日本企業の得意技を活かした日本型標準化ビジネスモデルを提唱する。　　　　　　　　　　　　　　本体価格 3800 円

アライアンスマネジメント
―米国の実践論と日本企業への適用―
元橋一之編著

オープンイノベーションの時代に適う方法として、アライアンスの基本的な考え方や具体的なノウハウを、アライアンスの業界団体である米国の ASAP 監修のベストプラクティス・ワークブックに準拠しつつ、日本での経営環境や経営風土を踏まえて紹介。　　本体価格 2800 円

東京大学知的資産経営総括寄付講座シリーズ
グローバルビジネス戦略
渡部俊也編
小川・新宅・元橋・立本・富田著

新興国市場に向けた研究開発と市場開拓、国際標準を利用したビジネスモデル、国の産業政策について言及。新興国市場に打って出る日本企業の必読書。
　　　　　　　　　　　　　　　　本体価格 2500 円

白桃書房

本広告の価格は税抜き価格です。別途消費税がかかります。